幼儿保育工作手册

主　编　刘媛微

副主编　吴金凤　杨苍芝　宫　晨　谢春玉

参　编　张　帆　张丽娟　崔　扬　孙国利

主　审　张振平

北京理工大学出版社
BEIJING INSTITUTE OF TECHNOLOGY PRESS

内容简介

本教材围绕幼儿成长的全方位需求，通过模块化、任务导向的方式，将理论知识与实际操作紧密结合，旨在提升保育工作的专业性和实效性。模块一幼儿一日生活保育聚焦于幼儿日常生活的精细化管理，从入园至离园的每一个环节，如饮食安排、午睡指导、游戏与学习活动的平衡等；模块二托幼园所物质环境卫生考虑到环境对幼儿健康的影响，深入探讨园所物质环境的布局、卫生管理、安全措施等方面，通过实操指导，提升保育人员维护良好卫生环境的能力；模块三幼儿常见疾病及意外事故的预防与处理聚焦于幼儿健康安全的紧急应对。本教材通过模拟演练、视频教学等手段，提升保育人员在面对突发状况时的冷静判断与快速反应能力，为幼儿的健康安全筑起第一道防线。除主体内容外，《幼儿保育工作手册》还配备了详尽的教案、互动课件、多样化练习题等资源，旨在为教育工作者提供一站式教学解决方案。

本教材可供院校学前教育、早期教育和幼儿保育专业学生使用，也可供广大幼教工作者使用。

版权专有　侵权必究

图书在版编目（CIP）数据

幼儿保育工作手册 / 刘媛微主编. -- 北京：北京理工大学出版社，2024.4.
ISBN 978-7-5763-4211-6
Ⅰ. G61-62
中国国家版本馆 CIP 数据核字第 20243JT333 号

责任编辑：张荣君	文案编辑：邓　洁
责任校对：刘亚男	责任印制：施胜娟

出版发行 /	北京理工大学出版社有限责任公司
社　　址 /	北京市丰台区四合庄路 6 号
邮　　编 /	100070
电　　话 /	（010）68914026（教材售后服务热线）
	（010）63726648（课件资源服务热线）
网　　址 /	http://www.bitpress.com.cn

版 印 次 /	2024 年 4 月第 1 版第 1 次印刷
印　　刷 /	定州市新华印刷有限公司
开　　本 /	889 mm × 1194 mm　1/16
印　　张 /	11.5
字　　数 /	236 千字
定　　价 /	79.00 元

图书出现印装质量问题，请拨打售后服务热线，负责调换

前言

幼儿保育工作是儿童教育的重要组成部分，它为幼儿的成长和发展奠定了坚实的基础。幼儿保育工作不仅仅是照顾幼儿的生活起居，更是关注他们的身心健康、情感需求和社交发展，优质的幼儿保育工作能够创造一个安全、温暖、富有爱心的环境，从而促进幼儿的全面发展。

本书深入贯彻党的二十大精神，将新时代的幼儿保育理念和实践要求融入教材中，引导广大从事幼儿保育工作的教育者把握新时代幼儿保育工作的新特点、新规律，为培养具备专业素养和技能的保育人才提供有力支撑，为推动幼儿保育事业的健康发展贡献力量。

本书旨在为从事和即将从事幼儿保育工作的教育者提供指导和支持，帮助他们更好地理解幼儿的需求和特点，掌握有效的保育方法和策略，通过深入探讨幼儿保育的各个方面，激发教育者的热情和创造力，提升幼儿保育工作者的保育能力和专业素养。

本书编写具有以下特点：

1. 融入素养元素，凸显立德树人

本书将树立正确价值观、提高职业素养、增强法律意识、培养社会责任感等方面渗透在各个模块的具体知识中，引导从事幼儿保育工作的教育者树立正确的职业观念和价值取向，凸显立德树人的引领作用。

2. 体例新颖独特，内容丰富多样

本书采用"模块—项目"的体例形式，项目源于幼儿园典型工作任务，内容包括"任务导入—任务准备—任务实施—任务巩固—学习评价"，使学生有目的、有计划、能反思、循序渐进地完成每项任务。

3. 理论与实践一体教学，实现"做中学、学中做"

幼儿保育工作具有实操性强、岗位要求规范的特点，因此，本书将理论知识与工作流程相结合、任务实施与学习评测相结合、文字与图片视频相结合，边学边做边测，达到学有所得、学有所获的目的。

4. 多种媒体资源相融合，激发学习兴趣

本书配有大量的图片以及以二维码形式呈现的视频，使知识的呈现方式多样化，便于教师的教学及学生的学习，极大地激发了学生的学习兴趣。

全书由刘媛微、吴金凤、杨苍芝、宫晨、谢春玉、张帆、张丽娟、崔扬和孙国利共同编写。张振平老师负责本书的审核工作。在编写过程中，参考了同类书籍，在此谨向这些书籍的编者表示衷心的感谢！

由于编者水平有限，书中难免存在疏漏之处，为了进一步提高本书的质量，恳请广大读者批评指正，以便本书后续的修订与完善。

编　者

目录

模块一　幼儿一日生活保育

项目一　幼儿来园保育 …… 2
　　任务一　幼儿来园前准备 …… 3
　　任务二　幼儿来园时保育 …… 12

项目二　幼儿进餐保育 …… 18
　　任务一　幼儿正餐的保育 …… 19
　　任务二　幼儿加餐的保育 …… 31

项目三　幼儿饮水保育 …… 38
　　任务一　幼儿饮水前的准备 …… 39
　　任务二　幼儿饮水时的保育 …… 43

项目四　幼儿如厕保育 …… 50
　　任务　　幼儿如厕保育 …… 51

项目五　幼儿睡眠保育 …… 57
　　任务一　幼儿睡前的准备 …… 58
　　任务二　幼儿睡眠中的照顾保育 …… 66
　　任务三　幼儿睡眠后的整理保育 …… 70

项目六　幼儿活动保育 ·· 77
　　任务一　幼儿室内活动保育 ······································ 78
　　任务二　幼儿户外活动保育 ······································ 90

项目七　幼儿离园保育 ·· 99
　　任务　幼儿离园保育 ·· 100

模块二　托幼园所物质环境卫生

项目八　房舍与场地的清洁工作 ································ 112
　　任务一　灯具的清洁 ·· 113
　　任务二　门、窗、墙壁和班级卫生死角的清洁 ······················ 116

项目九　设备与用具的清洁工作 ································ 123
　　任务一　幼儿桌椅、床的清洁 ···································· 124
　　任务二　室内玩教具的清洁 ······································ 129
　　任务三　户外中大型玩具的清洁 ·································· 135

模块三　幼儿常见疾病及意外事故的预防与处理

项目十　幼儿常见病的预防与处理 ······························ 142
　　任务一　幼儿腹泻的预防与处理 ·································· 143
　　任务二　幼儿上呼吸道感染的预防与处理 ·························· 147
　　任务三　幼儿手足口病的预防与处理 ······························ 151

项目十一　幼儿常见意外事故的预防与处理 ······················ 157
　　任务一　幼儿外伤出血的预防与处理 ······························ 158
　　任务二　幼儿烫伤的预防与处理 ·································· 162
　　任务三　幼儿肢端扭伤的预防与处理 ······························ 166
　　任务四　幼儿食物中毒的预防与处理 ······························ 170

参考文献 ·· 176

幼儿保育工作手册
YOUER BAOYU GONGZUO SHOUCE

模块一

幼儿一日生活保育

项目一 幼儿来园保育

入园，是幼儿在园一日生活中的第一个环节，也是最重要的环节之一。温馨、愉悦、有序的入园环节会为幼儿带来美好的一天，而及时、到位的保育工作则是开启这美好一天的首要条件。因此，每天早晨幼儿来园之前，教师都要做好入园的准备工作，如个人清洁、开窗通风、清扫活动室、准备盥洗用品和饮用水、接待幼儿和家长等。可见，入园环节涵盖了大量的保育工作内容。正是因为有了教师认真细致的保育工作，才为幼儿在园的一日生活提供了安全、健康、快乐的环境。

学习目标

知识目标

1. 了解保育员一日工作之前的个人清洁工作，包括换衣服、清洁双手、整理仪容仪表；

2. 知道保育员每日来园在做好个人清洁工作后需要做的准备事项，包括检查安全、准备饮用水、准备漱口水、准备水杯、准备盥洗用品；

3. 掌握开窗通风的时间、方式及幼儿园活动室、盥洗室及睡眠室物品的清洁工作流程、工作内容与操作步骤。

能力目标

1. 能够按照工作要求完成个人清洁工作；

2. 能够按照幼儿园工作规范要求完成各个准备事项；

3. 能够按照各区域的清洁工作流程及操作步骤，独立完成对应区域清洁工作。

情感态度价值观

1. 培养角色意识，增强责任意识，认识到保育工作的重要性；

2. 在幼儿园活动室、盥洗室及睡眠室清洁工作中培养科学、严谨、细心的工作态度。

任务一　幼儿来园前准备

任务导入

王老师在幼儿园已工作十余载，是一名经验丰富的幼儿教师，今天，她和往常一样早早地来到幼儿园，换好工作服、整理好着装，开始了幼儿来园前的准备工作。她给幼儿们准备好饮用水、漱口水后将干净的水杯放在水杯架上，看到洗手池边上的洗手液已经用完马上进行补充，之后又对活动室的门窗、玩具柜、地面等进行清洁。此时幼儿们开始陆陆续续地来园，王老师配合着班级其他教师开始进行晨检，一天的工作就这样拉开了帷幕。

思考： 幼儿保育工作都包括哪些环节？我们应该做哪些准备？在工作中有哪些注意事项？

任务准备

一、入园准备

幼儿入园是幼儿在园一日生活的第一个环节，因此，保育员做好幼儿来园前的准备工作非常重要。

（1）保育员需要清洁个人卫生，整理仪容仪表，这些对幼儿的审美、行为、心理都有重要的影响，同时可以帮助保育员树立良好的个人形象，是对幼儿进行隐性教育的载体之一。

（2）保育员需要在幼儿入园前为幼儿准备充足、干净、卫生的饮用水和生活用品，保证每一名幼儿健康快乐地成长。

（3）干净整洁的班级环境卫生不仅可以给幼儿提供一个温馨的环境，而且能很好地体现幼儿园的精神风貌，让家长能深切地感受到幼儿园的用心和贴心，使家园双方形成更大的合力，共同为幼儿的健康发展而努力。

二、开窗通风的时间及方式

（1）冬季宜利用活动室、功能室和走廊的窗户开窗换气。当室外温度为0~10℃时，每天开窗通风3~5次，每次30分钟；当室外温度为0℃以下时，每天开窗通风3次，每次至少10分钟。室内温度以18~20℃为宜。

（2）夏季在外界温度适宜、空气质量较好、保障安全的条件下可以持续开窗通风。室内温度超过26℃时，建议使用空调。使用空调期间每小时开窗通风1次，每次至少10分钟。

室内温度以不超过 28℃ 为宜。

（3）春秋季全天开窗通风。

三、幼儿园常用的消毒方法

1. 蒸汽消毒法

幼儿园各种耐热的物品可以放入蒸汽消毒柜中进行消毒灭菌，一般蒸 40 分钟左右。

2. 煮沸法

煮沸法是最简便的消毒方法，可将物品全部浸入干净的水中，水开后再煮 15~20 分钟。餐具、金属器具和耐热物品都可以用这一方法消毒灭菌。

3. 日晒法

将物品放在阳光下暴晒，用紫外线进行消毒灭菌，暴晒 3~6 小时很多病原体会被杀死。衣服、书籍、被褥、玩具等都适于用日晒消毒法。

4. 化学消毒法

幼儿园很多用具可按照要求比例运用安全的化学消毒剂进行消毒。常用的化学消毒剂有来苏水、过氧乙酸、84 消毒液、漂白粉、石灰等。

▶ 任务实施

物品准备

工作服、梳子、保温桶、水杯、毛巾、肥皂（洗手液）、厕纸、胶皮手套、抹布、拖布、盆、量杯、量桶、84 消毒液、扫帚、簸箕等。

工作内容

进行个人卫生清洁工作，检查班级整体环境安全状况，为幼儿准备充足且温度适宜的饮用水、漱口需用的淡盐水、水杯和盥洗用品（毛巾、肥皂、厕纸），班级环境卫生清洁。

操作要求

（1）保持个人清洁卫生，勤洗澡、勤换洗衣服、勤洗手、勤洗头等，上班时头发要扎起来，没有异味，不染与自然色不相符的发色，勤剪指甲，不涂抹指甲油，可以化自然的淡妆，但是不要浓妆艳抹，不要用味道浓烈的香水。

（2）保育员的工作服要美观、得体，便于活动和清洗，不宜穿低胸、紧身的服装和超短裙、高跟鞋，应穿防滑的、便于工作的平底鞋；不宜佩戴戒指、耳环、项链、尖锐的发卡或其他镶有玻璃或钻石的饰物。

（3）保育员要有高度的安全意识，来园后要对家具、桌椅、门窗、玩具、电器等物品进行检查，全面排除安全隐患，保证班级整体环境安全无异样。

（4）保育员要细心使用保温桶为幼儿准备充足且温度（40℃ 左右）适宜的饮用水，水温以滴在成人手背上不烫为宜，开水不进活动室，不给幼儿喝隔夜水。如果幼儿园使用的是饮水机，保育员应在来园后提前打开饮水机电源开关，为幼儿准备好饮用水。

（5）使用专用的容器为幼儿准备好早上来园后的漱口水（淡盐水或生理盐水），并把容器放在班级内固定的位置上备用。

（6）为幼儿准备干净的水杯，并放在班级内固定的位置，保证幼儿一人一杯，专人专用。

（7）将洗净、消毒、晾晒好的毛巾放在盥洗室中的指定位置，保证幼儿一人一巾。检查盥洗室内的肥皂（洗手液）、厕纸是否充足，如果用量不足，应及时补充或更换。

（8）为了幼儿的身体健康，保育员来到班级第一件事情就是开窗通风。

（9）每天用1∶200比例配制的消毒水擦拭一遍幼儿活动室、卧室、盥洗室内各个台面、家具、门把手、水龙头等所有幼儿经常触摸的物体表面（如严重污染，也可以随时擦拭）。

操作流程

一、整理仪容仪表

整理仪容仪表（图1-1-1）的操作步骤及说明如下：

（1）将自己的衣物整齐地放置在专用衣柜中。

（2）穿好工作服，将衣领翻整齐，将扣子扣好或拉链拉好。将工作服的扣子扣到从上往下数第二个扣子位置的高度。

（3）将头发扎起来或盘好。

（4）换上防滑的平底鞋，将鞋带系紧，便于工作开展。

（5）整理好全身衣物。

（a）　　　　　　　　（b）　　　　　　　　（c）

图1-1-1　整理仪容仪表
（a）将衣物放置在衣柜；(b)穿好工作服；（c）扎好头发

保育小贴士

在开始一天的工作之前，请照着镜子给自己一个大大的微笑，让好心情伴随你一天的工作。

二、清洁双手

清洁双手的操作步骤及说明如下:

(1)第一步(内):洗手掌,用流水打湿双手,涂抹洗手液(或肥皂),掌心相对,手指并拢相互揉搓。

(2)第二步(外):洗背侧指缝,手心对手背沿指缝相互揉搓,双手交换进行。

(3)第三步(夹):洗掌侧指缝,掌心相对,双手交叉沿指缝相互揉搓。

(4)第四步(弓):洗指背,弯曲各手指关节,半握拳把指背放在另一手掌心旋转揉搓,双手交换进行。

(5)第五步(大):洗拇指,一手握另一手大拇指旋转揉搓,双手交换进行。

(6)第六步(立):洗指尖,弯曲各手指关节,把指尖合拢在另一手的掌心旋转揉搓,双手交换进行。

(7)第七步(腕):洗手腕、手臂,揉搓手腕、手臂,双手交换进行。用自己的专用毛巾将双手擦拭干净。

三、安全检查

安全检查(图1-1-2)的操作步骤及说明如下:

(1)查看班级的整体环境。

(2)查看班级的物品摆放(家具、桌椅、玩具、用电、洗消用品等)。

(3)查看门窗。

(a)　　　　　　　　(b)　　　　　　　　(c)

图1-1-2　安全检查

(a)查看班级的整体环境;(b)查看班级的物品摆放;(c)查看门窗

四、准备饮用水

准备饮用水(图1-1-3)的操作步骤及说明如下:

(1)倒掉前一天的剩水。掀开保温桶的盖子,里面朝上放在桌子上,以避免污染,倾斜保温桶倒掉里面的剩水,如有水垢,需用干净专用的抹布擦除。

(2)清洗保温桶。先使用洗涤剂清洗保温桶的内侧,擦洗出水口、桶盖和保温桶的外侧,再用清水将保温桶内外清洗干净。

（3）打水。从班级固定位置取出暖水壶，到开水间打水，将温度适宜的饮用水倒入保温桶（七分满即可），盖好盖子，扣好安全锁，以保证幼儿饮用水的安全和卫生。

（a）　　　　　　　　（b）　　　　　　　　（c）

图 1-1-3　准备饮用水
（a）倒掉前一天的剩水；（b）清洗保温桶；（c）打水

五、准备漱口水

准备漱口水（图 1-1-4）的操作步骤及说明如下：

（1）将漱口水倒入固定的容器中。

（2）将盛有漱口水的容器放在班级内指定的位置备用，注意安全，将水杯口向上摆放整齐，漱口水倒入幼儿水杯内，水杯数应与幼儿人数相等。

（a）　　　　　　　　（b）

图 1-1-4　准备漱口水
（a）将漱口水倒入容器中；（b）将水杯口向上摆放整齐

六、准备水杯

准备水杯（图 1-1-5）的操作步骤及说明如下：

（1）将水杯从消毒柜中取出。

（2）将洗净的水杯对照标志放在对应的位置，专人专用，杯把朝外，注意杯口避免接触柜壁，以防水杯受到污染，影响幼儿健康。

（a）　　　　　　　　　　　　　（b）

图 1-1-5　准备水杯
（a）取出水杯；（b）将水杯放在对应的位置

七、准备盥洗用品

准备盥洗用品（图 1-1-6）的操作步骤及说明如下：

（1）准备毛巾。将洗净、消毒、晾晒好的毛巾从毛巾架上逐一取下，放在干净的桌面上，一块块铺平叠好，并将其放在统一的容器内，拿到指定的位置放好，保证一人一巾，供幼儿洗手后取用，擦完手后，让幼儿将毛巾挂在指定的位置。

（2）准备肥皂（洗手液）、厕纸。检查肥皂（洗手液）、厕纸是否充足够用，如果发现量不充足或用完，及时进行补充或更换。保育员需要根据幼儿年龄特点将肥皂切成两份或四份，同时将厕纸剪成适宜的长度，方便幼儿取用。

（a）　　　　　　　　　　　　　（b）

图 1-1-6　准备盥洗用品
（a）准备毛巾；（b）准备肥皂（洗手液）、厕纸

八、开窗通风

开窗通风的操作步骤及说明如下：

（1）提前了解当日天气情况，根据天气情况进行开窗通风（儿童床摆放的位置不应对着风口）。走进幼儿睡眠室和活动室，来到窗户前，打开窗户。

（2）将窗户的纱窗拉下来，避免外面的蚊虫进入幼儿睡眠室。

九、环境清洁

环境清洁的操作步骤及说明如下：

（1）配比消毒液，做好清洁准备工作。

①来到盥洗室，戴上口罩，从墙上标签对应的钩子上取下清洁专用胶皮手套并戴上，然后取下清洁专用毛巾。

②检查消毒原液容器及商标，确认其名称及规格，准备好清洁专用盆和配比消毒溶液的量杯和量桶、84消毒液。

③在量桶中按照刻度接入2 000毫升的水倒入清洁盆中，再用量杯量好10毫升的84消毒液，倒入盆中，缓缓搅拌。

④把配置好的消毒液及消毒原液放到幼儿够不到的地方，进行妥善保管。

⑤用配比好的消毒溶液充分浸泡、洗涤清洁专用毛巾。

（2）擦拭玩具柜（图1-1-7）。

①用干净的半干抹布将玩具柜内外侧各擦拭一遍，将尘土擦去。

②用干净的半干抹布擦拭一遍盛放玩具的玩具筐，将尘土擦去。

③按玩具的材质、种类对其进行分类清洁。

④把玩具分类收纳到对应的玩具筐中，并将玩具和玩具筐摆放整齐。

⑤将清洁盆、消毒盆清洗干净，放回消毒物品柜中；将清洁毛巾用肥皂洗涤并用清水冲洗干净后拧干，然后挂在墙上对应标签的挂钩上，摘下清洁专用手套，挂在墙上对应标签的挂钩上。

（a） （b） （c） （d）

图1-1-7 擦拭玩具柜

（a）擦玩具柜内外侧；（b）擦玩具筐；（c）将玩具筐摆放整齐；（d）挂毛巾

（3）清洁地面。

①扫地。用打湿的扫帚，由活动室里面向门口方向清扫。扫地时一定要将扫帚压住，以免尘土飞扬。

②拖地。拖地时先把家具及物品下方的地面拖净，然后拖其他位置。拖地时要压住拖布，从左向右横着拖，拖到墙边时不要抬起拖布，可将拖布用力一转，把脏物带走。倒退着由里向外拖地，以防把刚拖过的地踩脏，彻底洗涮拖布，以保持拖布的清洁。

> 任务巩固

知识重现

结合所学知识，填写个人清洁任务学习检测表（表1-1-1）。

表1-1-1　个人清洁任务学习检测表

知识与技能点	我的理解（填写关键词）
整理仪容仪表	1
	2
	3
	4
清洁双手 （七步洗手法）	1
	2
	3
	4
	5
	6
	7
安全检查	1
	2
	3
准备饮用水	1
	2
	3
准备漱口水	1
	2
准备水杯	1
	2

续表

知识与技能点	我的理解（填写关键词）
准备盥洗用品	1
	2
开窗通风	1
	2
配比消毒液	1
	2
	3
	4
	5
擦拭玩具柜	1
	2
	3
	4
	5
清洁地面	1
	2

拓展提升

"老师，你能不能朴素点"

琪琪今年5岁，上了中班之后，换了一个老师。琪琪妈去接她放学的时候，第一次见到了女儿的新老师。琪琪妈看到老师之后，震惊了，老师化着浓妆、踩着七八厘米高的高跟鞋，还穿着超短裙。琪琪妈当时没说什么，心想着，可能老师今天有约会。但是接下来的几天，琪琪妈去接女儿放学的时候，老师依旧是这种装扮。

那天晚上回到家之后，琪琪妈就在班级群里@老师，跟老师说："老师，你能不能朴素点？"老师回复琪琪妈，有什么问题吗？琪琪妈说，作为一名幼师，不应该浓妆艳抹，穿衣打扮也应该朴素点，不然对孩子影响不好，琪琪妈一说完，立刻引起了其他家长的共鸣，而老师则回复：怎么穿，怎么打扮，是我的自由！第二天，琪琪妈到幼儿园找园长，跟园长说明了情况，说实在不行的话就换个老师，老师浓妆艳抹容易让孩子受到惊吓。听完琪琪妈的叙述之后，园长找来了老师，对其进行了思想教育，后来老师在园长的劝说之下，才知道自己的打扮确实不妥。

请问案例中的幼儿园和老师存在哪些问题？这样做会出现什么后果？身为幼儿教师正确的做法是什么？

学习评价

请同学们根据自己的学习情况完成任务学习考评评分表（表1-1-2）。

表1-1-2 考评评分表

考评项目	配分	考评内容	自评（40%）	师评（60%）
整理仪容仪表	8	能按照工作要求，完成个人清洁工作		
清洁双手	8	能按照工作要求，用七步洗手法清洁双手		
安全检查	8	能按照工作要求，对班级进行安全检查		
准备饮用水	7	能根据工作要求，准备饮用水		
准备漱口水	7	能根据工作要求，准备漱口水		
准备水杯	7	能根据工作要求，准备水杯		
准备盥洗用品	7	能根据工作要求，准备盥洗用品		
开窗通风	7	能根据工作要求，按照季节变化对班级进行开窗通风		
配比消毒液	7	能根据工作要求，按照操作步骤配比消毒液		
擦拭玩具柜	7	能根据工作要求，按照顺序擦拭玩具柜		
清洁地面	7	能按照工作要求，清洁地面		
职业素养	10	物品准备齐全		
	10	规范操作		
得分				

任务二　幼儿来园时保育

任务导入

小李同学今年刚从高职学前教育专业毕业，今天是她以老师的身份开展工作的第二天，早晨她按照单位要求准时来到了幼儿园，做好幼儿入园前的各项准备工作，一边整理活动室的环境，一边开心地等待迎接幼儿们来园。随着幼儿们一个一个地走进活动室，活动室瞬间变得热闹了起来。"老师，这是天天的水杯，请用这个给他喝水。""老师，小可昨天肚子疼，午睡时麻烦您让她把被子盖好。""老师，晨晨昨天回家不太开心，今天不想上幼儿园了，您帮忙看看是什么情况。""老师，子宁还是有些咳嗽，这是她的药，早饭后食用，一次10毫升。"……李老师微笑着迎接每一位幼儿和家长的到来，忙得不可开交，应接不暇。"李老师，该去取咱们班的早餐了，一会儿活动需要的物品都准备好了吗？"

思考：保育员晨间接待工作包括哪些内容？我们又该如何做好晨间接待工作呢？

任务准备

一、关注幼儿良好习惯的培养

（1）幼儿喜欢老师和同伴，愿意上幼儿园。

（2）幼儿能够独自带齐所需物品，不带危险品来幼儿园。

（3）幼儿能主动和老师同伴打招呼，并和家人愉快地再见。

（4）幼儿愿意配合晨检，并能将身体情况与保健医和老师讲述。

（5）幼儿喜欢参加晨间活动，有规则意识，体验和同伴分享合作的乐趣。

二、幼儿园晨检的方法

幼儿园晨检的方法包括四个方面：一摸、二看、三问、四查。

（1）一摸：摸额头，感受幼儿额头的温度是否高于自己的手温，判断其是否发烧；摸颌下和腮部，检查是否有肿大的现象。

（2）二看：看幼儿的面色、咽部和精神状态是否存在异常，看其皮肤有无皮疹和某些传染病的早期症状，保育员不能判断的要及时送保健室由保健医及时诊断。

（3）三问：向幼儿家长了解幼儿在家的饮食、睡眠及大小便等情况。

（4）四查：检查幼儿衣兜内是否携带影响安全的小物品，以防止意外事故的发生。

任务实施

物品准备

每日晨间活动物品、晨检物品等。

工作内容

配合教师接待幼儿和家长并进行晨检，整理幼儿衣物，配合教师组织晨间活动。

操作要求

（1）面带微笑站立，笑脸相迎每位幼儿及其家长，用语言和肢体语言抚慰、鼓励幼儿，指导幼儿使用礼貌用语，让幼儿在一天开始时有一个好心情。

（2）观察幼儿的细微变化，观察并了解幼儿的身体状况和精神面貌。

（3）指导幼儿独立、正确、迅速脱好外衣并将随身携带的其他物品一起放到指定位置，培养幼儿主动接受晨检的习惯。

（4）及时清点幼儿来园人数，做好记录。

（5）准备适合晨检活动的玩教具，组织幼儿活动，观察活动情况，确保安全。

（6）关注幼儿良好的行为习惯，养成和保持积极情绪；注意培养幼儿的自我服务意识和独立能力。

操作流程

一、配合教师进行晨间接待

配合教师进行晨间接待（图1-2-1）的操作步骤及说明如下：

（1）热情接待幼儿和家长，与幼儿互相问好。

（2）与家长进行简单交流，了解幼儿身体、情绪等情况。

（a） （b）

图1-2-1 配合教师进行晨间接待

（a）热情接待幼儿和家长；（b）与家长进行简单交流

保育小贴士

1.当发现幼儿身体有异常情况时需及时告知带班教师和保健医，以便带班教师和保健医对幼儿进行特殊照顾和观察。

2.如幼儿有需要在园服用药品的需求，要求家长出示医嘱，并认真填写服药记录表，再请家长签字确认。

二、配合教师进行晨检

配合教师进行晨检的操作步骤及说明如下：

晨检操作

（1）检查幼儿衣饰和口袋。

检查幼儿是否佩戴了危险饰物、口袋内是否携带了危险物品、是否携带了零食来园，如果发现要及时摘下或收走，避免对幼儿造成的意外伤害。

（2）检查幼儿身体。

摸幼儿的额头，测试体温是否有发热现象，观察幼儿的面部、口腔、手掌及气色是否正常。如发现异常情况要及时上报保健医处理。

三、指导幼儿整理衣帽等物品

指导幼儿整理衣帽等物品（见图1-2-2）的操作步骤及说明如下：

（1）指导幼儿整理衣物。小班幼儿在保育员帮助下脱掉外套并叠放整齐；中班幼儿在保育员指导下脱掉外套并叠放整齐；大班幼儿独立脱掉外套并叠放整齐，并与自带衣物整齐地叠放在一起。

（2）指导幼儿存放衣物。分别帮助和指导小班、中班、大班的幼儿把叠放整齐的衣物放到固定的储物柜里。尽量让中班、大班的幼儿自己的事情自己做。

（a） （b）

图1-2-2 指导幼儿整理衣帽等物品
（a）指导幼儿整理衣物；（b）指导幼儿存放衣物

四、配合教师组织晨间活动

配合教师组织晨间活动（见图1-2-3）的操作步骤及说明如下：

（1）掌握幼儿来园情况。

（2）配合教师进行安全、安静的晨间活动。协助教师准备好玩具、材料和体育活动器械，组织幼儿参加自己喜欢的晨间活动；随时观察每个幼儿的活动情况，确保幼儿安全。

（a） （b）

图 1-2-3 配合教师组织晨间活动
（a）掌握幼儿来园情况；（b）配合教师进行晨间活动

任务巩固

知识重现

结合所学知识，填写晨间接待任务学习检测表（表1-2-1）。

表 1-2-1 晨间接待任务学习检测表

知识与技能点	我的理解（填写关键词）
配合教师进行晨间接待	1
	2
配合教师进行晨检	1
	2
指导幼儿整理衣帽等物品	1
	2
配合教师组织晨间活动	1
	2

拓展提升

晨间接待

晨间接待时，李老师在门口接待家长。一会儿时间，家长们就交代了很多事情。"李老师，萱萱今天嗓子红，请您给孩子多喝水。""好的，放心吧。""李老师，豆豆昨天晚上好像有点儿积食，麻烦您今天多注意他的饮食，给他少吃点儿。""嗯，好的。""李老师，丹丹晚上跟小朋友在院子玩的时候，腿上擦破点皮，麻烦您今天抽空带她去保健室看一下。""李老师，琪琪昨天晚上有点儿发低烧，麻烦您今天多注意观察。"李老师把家长的嘱托一一记录在接待本上，她脑海里梳理着今天的保育工作重点，并和班里另外两位老师进行了口头沟通。

请结合案例，分析保育员李老师在晨间接待工作中出现了哪些失误，并说明正确的做法。

> 学习评价

请同学们根据自己的学习情况完成任务学习考评评分表（表1-2-2）。

表 1-2-2　考评评分表

考评项目	配分	考评内容	自评（40%）	师评（60%）
配合教师进行晨间接待	20	能按照工作要求，配合教师进行晨间接待		
配合教师进行晨检	20	能按照工作要求，配合教师检查幼儿口袋和身体		
指导幼儿整理衣帽等物品	20	能按照工作要求，指导幼儿折叠、整理和存放衣物		
配合教师组织晨间活动	20	能根据工作要求，配合教师进行安全、安静的晨间活动		
职业素养	10	物品准备齐全		
	10	规范操作		
		得分		

> 项目总结

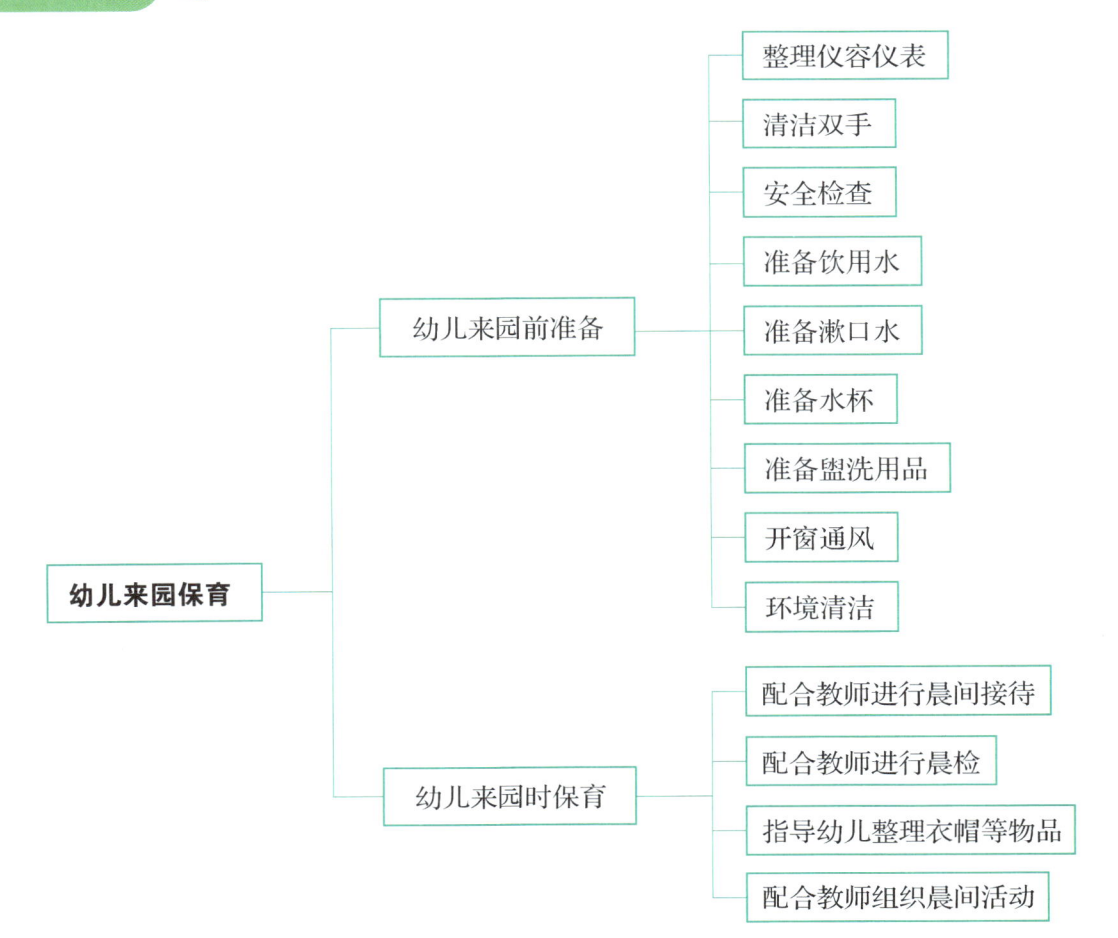

幼儿来园保育
├─ 幼儿来园前准备
│ ├─ 整理仪容仪表
│ ├─ 清洁双手
│ ├─ 安全检查
│ ├─ 准备饮用水
│ ├─ 准备漱口水
│ ├─ 准备水杯
│ ├─ 准备盥洗用品
│ ├─ 开窗通风
│ └─ 环境清洁
└─ 幼儿来园时保育
   ├─ 配合教师进行晨间接待
   ├─ 配合教师进行晨检
   ├─ 指导幼儿整理衣帽等物品
   └─ 配合教师组织晨间活动

项目二 幼儿进餐保育

在幼儿园一日生活中，幼儿进餐是每天都要做的重要事情，是培养幼儿良好习惯的重要环节。幼儿在园的餐食包括正餐和加餐，保育员要做好餐前的准备工作、组织进餐和餐后整理工作。幼儿的生长发育和健康成长离不开良好的进餐习惯，这就要求幼儿园日常应做好科学的用餐管理。幼儿的进餐环境应当是干净、整洁、舒适的，保育员应在餐前做好充分准备，保证幼儿按时进餐。在幼儿进餐时，注意保持幼儿情绪愉快，确保幼儿有序进餐，培养幼儿良好的进餐习惯，并对有特殊需要的幼儿给予适当的指导与帮助。餐后，保育员要按照要求做好收拾整理工作，并将隐性的教育渗透在教育的全过程中，帮助幼儿顺利进入下一个环节的活动。

学习目标

知识目标

1. 知道保育员餐前准备工作包括桌面清洁消毒、准备进餐所需用品、指导值日生、指导幼儿餐前盥洗等内容；
2. 知道组织幼儿进餐的工作内容以及工作流程和标准；
3. 掌握幼儿进餐结束后保育员餐后工作整理的内容和标准。

能力目标

1. 能够按照幼儿园餐前准备工作要求完成所有需要准备的内容；
2. 能够有序地组织幼儿进餐，随时观察了解幼儿的进餐情况，及时处理突发情况；
3. 能够按照幼儿园要求整理餐具、送餐具，并做好清洁卫生。

情感态度价值观

1. 培养严谨的工作态度，提高责任意识，体会保育工作的重要性；
2. 树立逐步培养幼儿良好进餐习惯的工作意识。

任务一　幼儿正餐的保育

任务导入

幼儿每天在幼儿园的餐食包括早餐、加餐、午餐、加餐和晚餐。到了早餐的时间，保育员张老师完成了幼儿入园前的准备工作，开始为准备幼儿的早餐忙碌起来，张老师先是对桌面进行清洁消毒，然后准备好进餐需要的物品并按照时间要求取餐、分餐，为幼儿创造了温馨的进餐环境。张老师在幼儿进餐过程中耐心地指导幼儿正确使用餐具，帮助幼儿养成良好的进餐习惯，幼儿们吃得开开心心、有滋有味，餐后张老师把各处整理得干干净净，有条不紊。

思考： 幼儿正餐的保育工作都包括哪些内容？在工作中保育员有哪些注意事项？应该如何为幼儿创设温馨的进餐环境，使幼儿养成良好的进餐习惯呢？

任务准备

一、做好幼儿进餐保育工作的意义

（1）科学合理地组织指导幼儿进餐，不仅可以满足幼儿摄食的生理需求和品尝美味的心理需求，还可以为幼儿营造安静、舒适、愉悦的进餐环境，帮助幼儿通过合理的膳食获得均衡的营养，为幼儿健康发育助力。

（2）进餐环节还担负着培养幼儿劳动意识和劳动能力的任务，保育员可以帮助指导幼儿掌握进餐的技能，学会使用餐具、取放食物，做好值日生，体验自主进餐和服务他人的乐趣。

（3）幼儿正处于生长发育的关键时期，保育员要根据幼儿的实际情况培养其良好的进餐习惯。这包括培养幼儿定时进餐的习惯、培养幼儿适量进餐的习惯、培养幼儿不挑食和不偏食的习惯、培养幼儿不吃或少吃零食的习惯、培养幼儿文明卫生进餐的习惯等。

二、分发餐具和饭菜

（1）分发餐具的方法：将碗摆放在正对着椅子的桌面上，盘子放在碗的前面，将勺子或筷子放在盘子上，分发勺子或者筷子时，手应该拿勺柄或筷子略粗的一端摆放整齐。

（2）分发饭菜的要求：在分发饭菜时应本着公平对待、少盛多填的原则，将饭菜分别盛放在碗和盘子中；注意将汤和饭分开盛放，不能让幼儿吃汤泡饭；吃鱼、排骨等带刺、骨头的食物时，对于小班的幼儿，保育员应提前帮助其清理干净，对于中大班的幼儿，保育员可以指导其自己清理。

三、幼儿进餐的正确姿势

（1）进餐的正确姿势：双脚平放在地面上，身体略微前倾，不耸肩，不佝偻腰，前臂自然放在桌面上。

（2）手持餐具的正确姿势：一只手扶碗，碗放在距离桌边大约10厘米处，另一只手拿勺子或筷子。

四、营造良好的进餐环境，提高幼儿食欲

1. 营造良好的进餐环境

（1）餐室的准备：餐室清洁明亮，餐桌、餐椅、餐具清洁，摆放整齐。

（2）饮食的准备：饭菜色香味俱全，营养全面。

（3）精神的准备：不在幼儿进餐的过程中批评幼儿；不催促幼儿进餐，不比赛进餐；不能因大声说话或给幼儿讲故事等而分散幼儿进餐注意力；及时解决幼儿进餐中出现的各种问题。

2. 提高婴幼儿食欲

（1）影响幼儿食欲的因素：幼儿进餐的环境会影响幼儿食欲；幼儿进餐时的情绪会影响幼儿食欲；幼儿进餐时的身体状况和食物等也同样会影响幼儿食欲。

（2）提高幼儿食欲的方法：注意食物的色香味形，使幼儿饮食多样化，以吸引幼儿进食；为幼儿进餐创设良好的物质环境；保持幼儿安静、愉快的进餐情绪；尽早让幼儿自己动手吃饭，提高幼儿进餐兴趣；科学地开展适当的体育锻炼，保持幼儿身体健康。

3. 正确咀嚼食物

要求幼儿闭口咀嚼；幼儿吃每一口食物时都不能过多，要一口一口地吃，细嚼慢咽，一口咽下后再吃第二口；若幼儿口中食物过干，可让幼儿吃一口稀的食物或喝口水。

任务实施

物品准备

消毒液、毛巾、围裙、桌椅、水盆、橡胶手套、碗、筷子、勺、取餐器皿、幼儿餐具（碗、筷、勺等）、洗衣盆、清扫工具、餐车、残渣盆、清扫工具等。

工作内容

餐前做好桌面清洁消毒工作，为幼儿准备进餐所需用品，指导中大班幼儿做好值日生工作，指导幼儿餐前盥洗，按时到厨房取餐，核对餐具数量，根据幼儿进食量进行分餐，进餐过程中指导幼儿正确使用餐具，培养幼儿良好的进餐习惯，指导幼儿餐后整理桌面、擦嘴、漱口，整理餐具、送餐具及整理班级环境卫生。

操作要求

（1）保育员在餐前15分钟，按照清水—消毒液—清水的先后顺序做好餐前的清洁消毒

工作。

（2）指导值日生做好餐前力所能及的各项准备工作，培养幼儿做值日生的兴趣，使值日生能够了解自己的职责，并能主动完成任务。

（3）指导幼儿用正确的"七步洗手法"洗手，避免幼儿在盥洗室内发生拥挤打闹现象，培养幼儿的节水意识。

（4）按照规定时间到厨房取餐，饭菜要用盖子盖上，餐具要用专用且干净的盖布盖上或装在专用口袋里，保证干净卫生；同时，冬季要做好饭菜的保温工作，夏季要做好饭菜的降温工作。

（5）准确核对碗筷数量，若数量不足及时补充，如遇损坏及时更换。

（6）幼儿进餐时，保育员要注意观察，了解每位幼儿的进食量，和蔼地指导幼儿掌握进餐的技能，保证进餐时间（不少于20分钟），注重培养幼儿良好的进餐习惯（如坐姿良好、正确使用餐具、进餐有序安静等）。

（7）对班级特殊幼儿（如幼儿食欲不好、进餐慢、体弱、患病等）要了解掌握原因，照顾要细致周到。

（8）指导幼儿餐后擦嘴，如果使用餐巾纸擦嘴，擦嘴后指导幼儿将餐巾纸放进垃圾桶，如果使用擦嘴巾，用过后要及时清洗、晾晒、消毒。

（9）幼儿进餐过程中，保育员不扫地、不擦地、不铺床，以免影响幼儿正常进餐。

（10）剩饭菜送回食堂，不得自行处理，不得当着幼儿的面处理剩饭菜，并将餐具在规定时间内送至食堂进行清洁消毒。

（11）餐后保育员要将桌面和地面彻底清洁干净，要保证活动室、盥洗室和卫生间的地面没有残留，以免幼儿踩踏。

操作流程

一、餐前桌面清洁消毒

餐前桌面清洁消毒（图2-1-1）的操作步骤及说明如下：

（1）清洁双手（见幼儿来园前的准备工作）。

（2）配比消毒液（见幼儿来园前的准备工作）。

（3）用清水第一遍擦拭餐桌。保育员先将毛巾在清水盆中充分洗涤拧干，再将毛巾对折，然后从上往下、从左往右擦拭，最后擦拭餐桌四角边缘。注意擦半张桌子可以翻一个面，擦一张桌子清洗一次毛巾，毛巾不能一擦到底。

（4）用消毒液第二遍擦拭餐桌（擦拭方法同用清水擦拭餐桌）。

（5）将消毒液在桌面上停留10分钟，同时将消毒桌面的毛巾用肥皂洗涤并用流动水冲洗干净，然后挂在墙上对应标签的挂钩上。

（6）用清水第三遍擦拭餐桌（擦拭方法同用清水擦拭餐桌）。

（a） （b） （c）

图 2-1-1 餐前桌面清洁消毒
（a）配比消毒液；（b）用清水擦拭餐桌；（c）清洗毛巾

二、准备幼儿进餐所需物品

准备幼儿进餐所需物品（见图 2-1-2）的操作步骤及说明如下：

（1）准备残渣盘。保育员从指定的存放残渣盘的柜子中取出与班级桌子同等数量的残渣盘，关好柜门，将残渣盘逐一摆放在桌子中间的位置备用。

（2）准备擦嘴巾。保育员从指定的存放擦嘴巾的位置取出擦嘴巾，并将擦嘴巾摆放在幼儿方便取用的地方，要引导幼儿将使用后的擦嘴巾放在指定的位置，不要乱丢乱放。

（3）摆放小椅子。保育员从第一张桌子开始逐一将小椅子拉出来，左边的小椅子的左前腿与桌子左边边缘对齐，右边的小椅子的右前腿与桌子的右边边缘对齐，直至把所有小椅子摆放好。

（a） （b） （c）

图 2-1-2 准备幼儿进餐所需物品
（a）准备残渣盘；（b）准备擦嘴巾；（c）摆放小椅子

三、指导值日生工作

指导值日生工作（图2-1-3）的操作步骤及说明如下：

（1）摆放小椅子。保育员先指导值日生取下值日生胸牌并戴好，然后指导值日生从第一张桌子开始逐一将小椅子拉出来，左边的小椅子的左前腿与桌子左边边缘对齐，右边的小椅子的右前腿与桌子的右边边缘对齐，直至把所有小椅子摆放好。

（2）清洁双手（见幼儿来园前的准备工作）。

（3）擦手。保育员指导值日生从班级固定存放毛巾的位置取出一块毛巾，先将毛巾在左手中打开铺好，把右手擦拭干净，再将毛巾在右手中打开铺好，把左手擦拭干净，双手擦拭干净后，将毛巾挂在对应标签的挂钩上。

（4）摆放残渣盘。保育员为值日生准备好残渣盘，将其放在便于值日生取放的位置，指导值日生将残渣盘逐一摆放在每一张桌子的中间。

（5）看护幼儿餐前洗手。值日生站在指定的位置协助保育员看护幼儿洗手，帮助挽不上袖子的幼儿挽袖子，提醒幼儿用正确的方法洗手擦手，不拥挤、不打闹。

（a）　　　　　　（b）　　　　　　（c）

图2-1-3　指导值日生工作
（a）摆放小椅子；（b）擦手；（c）摆放残渣盘

四、指导幼儿餐前盥洗

指导幼儿餐前盥洗（图2-1-4）的操作步骤及说明如下：

（1）提出盥洗要求。保育员要求幼儿自觉遵守盥洗规则：动作迅速，有秩序、不拥挤，不大声喧哗、打闹嬉戏，不玩水、节约用水等。

（2）组织幼儿分组盥洗。保育员协助教师组织幼儿洗手，将幼儿分组，要求幼儿挽袖子，小班幼儿可寻求保育员帮忙，中大班幼儿可以互相帮助；保育员还要及时处理幼儿盥洗中出现的问题。

（3）指导幼儿正确洗手、擦手、抹护手霜。保育员需要先指导幼儿用七步洗手法洗手，接着让幼儿从写有自己名字或贴有自己照片的挂钩上取下自己的毛巾，将双手擦拭干净，然后用右手食指蘸取适量护手霜，用双手掌心轻轻涂抹均匀，两手手背对搓至均匀即可。

（4）盥洗后的清洁工作。保育员需要先将洗手池台面、镜子用专用的毛巾擦拭干净，再用盥洗室专用的墩布把盥洗室地面从里到外按顺序擦拭干净，最后用卫生间专用拖布把卫生间地面从里到外按顺序擦拭干净。

（a） （b）

图 2-1-4 指导幼儿餐前盥洗
（a）指导幼儿盥洗；（b）盥洗后的清洁工作

五、取餐

取餐（图 2-1-5）的操作步骤及说明如下：

（1）去食堂门口排队取餐。保育员按照规定时间自觉按照取餐顺序排队等候（每所幼儿园会根据实际情况确定取餐顺序）。

（2）核对餐具数量。保育员首先将写有自己班级名称、装有餐具的餐盆放到餐车上，接着核对碗、筷、勺的数量，最后要取一块干净的盖布将餐盆盖住。

（3）取餐。保育员按照发餐的顺序取餐，取餐后把餐车轻轻地推到班级教室，注意不要将饭菜洒落。

（a） （b） （c）

图 2-1-5 取餐
（a）排队取餐；（b）核对餐具数量；（c）取餐

六、分餐

分餐（图2-1-6）的操作步骤及说明如下：

（1）保育员将餐车推回班级，将餐车放在指定位置。

（2）保育员将餐车中装有饭菜的餐盆和装有碗、筷、勺的餐盆取出，放在班级分餐的指定位置。

（3）保育员在分餐的指定位置处分发主食。

（4）幼儿排队取餐，保育员将主食送到幼儿手中。

（5）保育员分菜，小班由教师将每名幼儿的菜分发到桌子上，中大班可由值日生来分发。

（a）　　　　　　　　　　　（b）

图2-1-6　分餐
（a）将餐盆放在指定位置；（b）分发饭菜

七、指导幼儿进餐

指导幼儿进餐（图2-1-7）的操作步骤及说明如下：

（1）坐姿不正确、不会用餐具的幼儿。保育员及时纠正幼儿不正确的坐姿，注意不能训斥幼儿，要逐步引导幼儿学会正确的坐姿和正确使用餐具。

（2）食欲不佳、吃饭慢、体弱和患病的幼儿。保育员要轻轻走到幼儿身边，蹲下来，耐心询问原因，了解情况后可以适当喂饭，喂饭速度不宜过快，也可鼓励幼儿自己进餐，但不可强求，遵循循序渐进的原则。

（3）肥胖儿。吃饭前，可先让幼儿喝一碗汤，在进餐过程中，提醒幼儿充分咀嚼，细嚼慢咽，多吃蔬菜，遵循少盛多填的原则，在保证幼儿基本生长发育的需要和膳食营养平衡的基础上，控制其进餐的总量，防止其摄入过多的脂肪。

（4）处理饭菜洒落问题。保育员要安慰幼儿，让幼儿消除害怕和恐惧心理，帮助幼儿或让幼儿自己将身上的饭菜擦拭干净，把洒在桌子上的饭菜收拾进残渣盘里，帮助幼儿换上干净的衣物，幼儿回到座位继续进餐，保育员拿上扫帚和簸箕将洒在地上的饭菜清理干净，并用活动室专用拖布将地上残留的菜汤擦拭干净，保证幼儿安全。

图 2-1-7 指导幼儿进餐
（a）引导幼儿学习正确坐姿；（b）处理饭菜洒落问题

八、指导幼儿餐后整理桌面、擦嘴、漱口

指导幼儿餐后整理桌面、擦嘴、漱口（图2-1-8）的操作步骤及说明如下：

（1）餐后整理桌面。保育员指导幼儿将残渣盘放在自己前面的桌子的边上，将桌面上的残渣轻轻地收进残渣盘中，再将残渣盘放在指定的位置，然后把小椅子推到桌子下面，端着自己用过的餐具放到指定的地方分类摆放，保育员要注意提醒幼儿注意安全。

（2）餐后擦嘴。保育员指导幼儿取出餐巾纸或擦嘴巾，平铺在双手上，擦第一遍对折，然后擦第二遍再对折，最后团成团擦擦手指，并将餐巾纸投入垃圾桶中（将擦嘴巾放入专门的盆里，保育员要及时清洗）。

（3）餐后漱口。幼儿饭后要用温开水漱口，保育员先让幼儿到保温桶或净水器边用漱口杯接水（水量约为漱口杯的1/3），然后回到盥洗室的水池边，喝一口水，在口腔里"咕噜咕噜"水，低下头，将口中的水吐进水池里（重复动作三次，一共漱三口），漱口后将剩下的水倒进水池中，把杯子放回原处，离开盥洗室。

图 2-1-8 指导幼儿餐后整理桌面、擦嘴、漱口
（a）餐后整理桌面；（b）餐后擦嘴；（c）餐后漱口

九、餐后整理餐具、剩饭菜

餐后整理餐具、剩饭菜（图2-1-9）的操作步骤及说明如下：

（1）整理餐具。保育员把每张桌子上的残渣擦干净，将残渣盘放在分餐桌上，再将空碗、空盘整齐地摞在一起放入装碗、盘的餐盆中，最后将装有勺子和筷子的小筐放入餐盆中放好。

（2）处理剩饭菜。将剩饭菜和残渣盘中的残渣倒入装剩饭菜的碗中，再将餐盆整理好放入餐车中，将残渣盘拿到盥洗室准备清洗，最后将清理出来的剩饭菜倒入专门的剩饭菜垃圾桶中。

（3）送餐具。保育员将餐车轻轻推到厨房门口，先将餐盆、汤桶等容器放在食堂指定的地方或交给食堂工作人员，然后将餐车推到指定的位置摆放整齐，注意不要忘记用专用的毛巾把餐车擦拭干净。

（a）　　　　　　　　　（b）

图2-1-9　餐后整理餐具、剩饭菜
（a）整理餐具；（b）处理剩饭菜

十、餐后整理班级环境卫生

餐后整理班级环境卫生（图2-1-10）的操作步骤及说明如下：

（1）清洁桌面。保育员首先用清洁桌子的毛巾将每张桌子从上到下、从左到右彻底擦拭干净，再将桌子边缘和夹缝里的残渣擦拭干净，然后把毛巾放在专用的清洁盆中，等待清洗。

（2）清洁地面。保育员先拿起扫帚和簸箕围着桌子逐一将地上的残渣打扫干净，并将残渣倒进垃圾桶里，然后将簸箕里的菜汤渍冲洗干净并控干，将扫帚和簸箕放回原处；取专用拖布（半湿半干），将地面拖干净（早餐后擦拭进餐区域，午餐和晚餐后擦拭整个活动室地面），然后将拖布涮洗干净并控干后放回指定位置挂好。

（3）清洗残渣盘和毛巾。首先将毛巾清洗干净晾晒在统一规定的地方，然后用百洁布和洗涤灵逐一清洗残渣盘，注意用流动的水冲洗干净，控干后将盘子放回指定的位置，最后将清洁用品放回原处。

（4）清洁水池台面、镜子。保育员取下专用的擦拭毛巾，先将水池台面上的水擦进水池里，用毛巾将台面擦拭干净，然后将毛巾清洗干净，将镜子从左到右、从上到下擦拭干净，将毛巾清洗干净并拧干后挂在指定位置晾晒。

（5）清洁盥洗室地面。用专用拖布（半湿半干）从里向外将盥洗室的地面拖干净，然后将拖布涮洗干净后控干放回原处挂好。

（6）清洁卫生间地面。用专用拖布（半湿半干）从里向外将卫生间的地面擦拭干净，一直拖到拖布池旁边，将拖布涮洗干净后控干水分放回原处挂好。

（a） （b） （c）

图 2-1-10 餐后整理班级环境卫生
（a）清洁地面；（b）清洁水池；（c）清洁卫生间地面

任务巩固

知识重现

结合所学知识，填写幼儿正餐的保育任务学习检测表（表 2-1-1）。

表 2-1-1 幼儿正餐的保育任务学习检测表

知识与技能点	我的理解（填写关键词）
餐前桌面清洁消毒	1
	2
	3
	4
	5
	6
准备幼儿进餐所需物品	1
	2
	3

续表

知识与技能点	我的理解（填写关键词）
指导值日生工作	1
	2
	3
	4
	5
指导幼儿餐前盥洗	1
	2
	3
	4
取餐	1
	2
	3
分餐	1
	2
	3
	4
	5
指导幼儿进餐	1
	2
	3
	4
指导幼儿餐后整理桌面、擦嘴、漱口	1
	2
	3
餐后整理餐具、剩饭菜	1
	2
	3
餐后整理班级环境卫生	1
	2
	3
	4
	5
	6

拓展提升

老师，你别急！

快到午餐时间了，保育员张老师放下手中的活，赶紧给桌面进行清洁消毒。张老师先拿起一块毛巾，用清水擦拭一遍桌子，接着把毛巾放在消毒液中浸泡一会儿，然后对桌面逐一消毒，消毒完桌面，又把毛巾放在清水盆里清洗，再次用清水进行二次清洗。张老师感觉有点累，接下来她要组织幼儿们餐前盥洗，张老师给幼儿们分了组，带着他们来到盥洗室洗手，张老师则在一旁准备餐前所需物品。爱玩是每个孩子的天性，笑笑也不例外，她把水龙头开得大大的，水像喷泉一样喷得到处都是，把衣服弄得湿湿的。笑笑边玩儿边笑，不一会儿，张老师发现了，把笑笑训斥了一顿，笑笑哭着擦干了手，回到了自己的座位上。

请问案例中的保育员张老师在工作中存在哪些问题？如果你是张老师，见到调皮的笑笑，你会怎么做呢？请你结合所学知识进行分析。

学习评价

请同学们根据自己的学习情况完成任务学习考评评价表（表2-1-2）。

表 2-1-2　考评评价表

考评项目	配分	考评内容	自评（40%）	师评（60%）
餐前桌面清洁消毒	9	能按照工作要求，完成桌面清洁消毒工作		
准备幼儿进餐所需物品	7	能按照工作要求，将幼儿进餐物品准备齐全		
指导值日生工作	8	能按照工作要求，对值日生进行指导		
指导幼儿餐前盥洗	8	能根据工作要求，做好幼儿餐前盥洗的指导		
取餐	7	能根据工作要求，到取餐地点准时取餐		
分餐	8	能根据工作要求，为幼儿分发饭菜		
指导幼儿进餐	8	能根据工作要求，对幼儿进餐进行指导		
指导幼儿餐后整理桌面、擦嘴、漱口	9	能按照工作要求，指导幼儿餐后整理桌面、擦嘴和漱口		
餐后整理餐具、剩饭菜	8	能根据工作要求，完成餐具和剩饭菜的收拾整理		
餐后整理班级环境卫生	8	能根据工作要求，完成班级环境的卫生清洁工作		
职业素养	10	物品准备齐全		
	10	规范操作		
得分				

任务二　幼儿加餐的保育

任务导入

为了保证幼儿的营养健康，每天除了正常的进餐，幼儿园还会给幼儿提供水果、牛奶、零食等加餐。伴随着优美的音乐，活动室里变得热闹起来，"老师，我们今天吃什么？""老师，今天是不是有腰果呀？我最爱吃腰果啦。""老师，我不想喝牛奶。""老师，今天有小零食吗？我想多吃一些，可以吗？"王老师一边耐心地回答着每位幼儿的问题，一边进行加餐的准备工作。

思考：保育员的加餐工作包括哪些内容？我们又该如何做好幼儿加餐环节的指导和组织工作呢？

任务准备

一、幼儿加餐的意义

加餐是幼儿在园进餐中不可或缺的一部分，其食品调配方式既要科学又要优质，不仅要让幼儿品尝到各种美味，更要让幼儿感受到生活的快乐。

（1）提供更多的营养物质，增加幼儿营养摄入，促进幼儿生长发育，保持幼儿身体健康。

（2）提供更多口味和选择，帮助幼儿改善挑食的不良习惯，提高饮食均衡度。

（3）加餐营养丰富，有助于使幼儿产生抗体细胞，对抗感染和疾病，增强幼儿的免疫力。

（4）帮助幼儿养成良好的饮食习惯。

（5）加餐能够给幼儿提供更多的交流和沟通的机会，提高幼儿的情感素质，使幼儿在一日活动中保持精力充沛。

二、幼儿加餐的保育注意事项

（1）选择健康安全的食品。需要确保食材新鲜、卫生，避免交叉感染，尽量不要给幼儿吃含有人工色素的食品；同时，保育员需要了解幼儿对食品的过敏情况，以免给过敏的幼儿造成不良的后果。

（2）尽量提供多样化的食品。为了满足幼儿们的口味需求，提升幼儿食欲，均衡摄入营养，需要提供水果、干果、点心、牛奶等食品；同时，可以让幼儿亲自动手，体会食品的制作过程，提高幼儿的动手能力，培养幼儿的劳动意识。

（3）合理安排加餐时间。上午可以在幼儿户外活动后加餐，下午可以在幼儿起床后加餐，晚餐过后尽量不要再加餐了，以免加重肠胃负担，导致消化不良。

（4）少量加餐。给幼儿加餐尽量不要让幼儿一次性吃太多，或者是补给的能量超过正餐，以免引起幼儿肥胖，影响幼儿身心健康。

三、幼儿加餐小妙招

1. 为幼儿分水果

为了保证幼儿水果的进食量和幼儿自取咀嚼方便，不同水果有不同的分切技巧。橘子、香蕉不剥皮，根据食谱中的进食量均分；苹果、梨使用削皮器削皮后，再用挖核器挖核，最后等分为宽2~3厘米的块状；西瓜、哈密瓜等瓜果类应一切两半，然后按月牙形等分，宽度为2~3厘米；草莓、葡萄、桃子等先用淡盐水浸泡15分钟左右，再用清水冲洗干净。

2. 荔枝、芒果的处理方法

荔枝表皮有条中间线，食用时用双手的大拇指和食指固定荔枝，沿着荔枝外皮的中间线往中间挤压，荔枝皮很容易就剥开了；芒果洗净后竖着放在水果盆中，用水果刀紧贴芒果核，将两侧果肉切下，分成两片芒果肉和一片芒果核，在芒果肉上纵向和横向分别划几刀，只划破果肉不划破果皮，用手把果皮往上轻轻一顶，芒果肉就如花朵般打开了。

3. 清洗削皮刀

削皮刀使用时间不宜过长，时间长了，固定刀片的两侧就会有污物残留，用消毒液浸泡也无济于事，而且刷洗起来很浪费时间。每次用完削皮刀需要及时刷洗，可以用一个小刷子，也可以用软牙刷，把削皮刀的小缝隙刷一下，这样削皮刀就能保持干净美观了。

任务实施

物品准备

桌面清洁消毒所需物品、各种类型加餐食物（可以是牛奶、水果、干果等模型）、餐盘、加餐专用夹子、餐室地面和盥洗室所需清洁用品等。

工作内容

加餐前桌面消毒工作，取加餐，分配加餐，照顾幼儿吃加餐，加餐后的清洁工作。

操作要求

（1）加餐前15分钟按照"清水—消毒液—清水"的顺序做好餐桌的消毒工作。

（2）按照规定时间及幼儿人数到厨房取回加餐。

（3）切好的水果要用保鲜膜及时覆盖，防止水果表面氧化及营养流失。

（4）所切水果的大小要符合幼儿年龄特点，需要剥皮的水果尽量让幼儿自己剥皮。

（5）削皮刀用后要及时清洗干净，干燥保存，放在幼儿触摸不到的安全地方。

（6）加餐分配均匀，有特殊情况的幼儿应根据其身体情况分配加餐。

（7）幼儿要使用加餐盘和水杯吃加餐，使用后应及时清洗干净并消毒。

操作流程

一、加餐前的准备工作

加餐前的准备工作（图 2-2-1）的操作步骤及说明如下：

（1）清洁双手。

（2）按照"清水—消毒液—清水"的顺序擦拭桌面。

（3）将已消毒的餐具、餐巾放在指定位置，注意做好防蝇措施。

（4）领取加餐食物，器皿必须加盖以保证卫生，并放在班级固定分餐区域。

（5）组织值日生有序地协助教师，进行力所能及的餐前准备辅助工作及报餐等工作。

（6）配合教师核实个别对进餐食物有过敏史的幼儿，提前调整增减食物。

（7）组织幼儿洗手。

（a） （b）

图 2-2-1 加餐前的准备工作

（a）放置餐具、餐巾；（b）核实幼儿食物过敏情况

二、加餐中的组织工作

加餐中的组织工作（图 2-2-2）的操作步骤及说明如下：

（1）发放饮品。如分发牛奶，需用消过毒的剪刀剪开牛奶袋的一角，倒入幼儿的水杯中，注意安全使用剪刀，不要伤到幼儿；如分发酸奶，让幼儿在喝酸奶前适当摇晃，以减少挂壁现象，使酸奶更均匀；指导幼儿将吸管直插入酸奶盒底部；保育员加强巡视，避免幼儿在用吸管喝酸奶时发生意外；如分发果蔬饮或绿豆汤，需将饮品晾到适合温度后，再用勺子盛适量饮品倒入幼儿的水杯中。

（2）发放水果。较大的水果应切块后按每人一份进行发放，将水果放在加餐盘中；提醒幼儿吃完水果后将果核、果皮扔到指定的地方，养成讲卫生的好习惯。

（3）发放坚果。根据幼儿园保健人员或营养师制定的幼儿进食量领取坚果，然后平均分发到幼儿的加餐盘中。

（4）发放小食品。食品加餐量不宜过多，按照每人一份发放。

（5）指导幼儿将加餐盘和水杯放在指定位置。

（a） （b）

图 2-2-2 加餐中的组织工作
（a）发放饮品；（b）发放水果

三、加餐后的整理工作

加餐后的整理工作（图 2-2-3）的操作步骤及说明如下：

（1）将加餐盘和水杯拿到盥洗室，准备进行清理。

（2）用抹布将餐桌上的水渍、残渣擦拭干净。

（3）用扫帚和簸箕将地面上的残渣清扫干净。

（4）清洗并消毒加餐盘和水杯。

（5）清洁水池。从墙上对应标签的挂钩上取下日常清洁用抹布，将水池里的残渣捡拾干净，扔进垃圾桶，从消毒柜中取出清洁剂，擦拭水池台面、水池里面和水龙头，打开水龙头，将残留的清洁剂冲洗干净，用清洁毛巾将水池台面残留水分擦拭干净。

（6）清洁毛巾。将清洁毛巾洗涤干净、拧干并挂在对应标签的挂钩上。

（7）清洁地面。从墙上对应标签的挂钩上取下盥洗室专用拖布，拖布为半干状态，按照从里到外的顺序将盥洗室擦拭干净，将拖布在水龙头下冲洗干净，控干水分后挂在墙上对应标签的挂钩上。

（a） （b）

图 2-2-3　加餐后的整理工作
（a）清洁加餐盘；（b）清洁毛巾

任务巩固

知识重现

结合所学知识，填写幼儿加餐的保育任务学习检测表（表 2-2-1）。

表 2-2-1　幼儿加餐的保育任务学习检测表

知识与技能点	我的理解（填写关键词）
加餐前的准备工作	1
	2
	3
	4
	5
	6
	7
加餐中的组织工作	1
	2
	3
	4
	5

续表

知识与技能点	我的理解（填写关键词）
加餐后的整理工作	1
	2
	3
	4
	5
	6
	7

拓展提升

挑挑拣拣的豆豆

加餐时很多水果放在一起，幼儿往往犹豫不决，不知道拿哪一个，总觉得哪一个都比自己手里的顺眼，于是就出现了豆豆小朋友徘徊在水果前挑来挑去的情景，其他小朋友也学着豆豆的样子挑来挑去。

吃水果时幼儿总喜欢挑挑拣拣怎么办？

学习评价

请同学们根据自己的学习情况完成任务学习考评评分表（表2-2-2）。

表2-2-2 考评评分表

考评项目	配分	考评内容	自评（40%）	师评（60%）
加餐前的准备工作	30	能按照工作要求，做好加餐前的各项准备工作		
加餐中的组织工作	30	能按照工作要求，组织好幼儿加餐环节		
加餐后的整理工作	20	能按照工作要求，完成加餐后的整理和清洁工作		
职业素养	10	物品准备齐全		
	10	规范操作		
得分				

项目总结

- 幼儿进餐保育
  - 幼儿正餐的保育
    - 餐前桌面清洁消毒
    - 准备幼儿进餐所需物品
    - 指导值日生工作
    - 指导幼儿餐前盥洗
    - 取餐
    - 分餐
    - 指导幼儿进餐
    - 指导幼儿餐后整理桌面、擦嘴、漱口
    - 餐后整理餐具、剩饭菜
    - 餐后整理班级环境卫生
  - 幼儿加餐的保育
    - 加餐前的准备工作
    - 加餐中的组织工作
    - 加餐后的整理工作

项目三 幼儿饮水保育

水是生命之源，饮水对于幼儿的身体健康十分重要。水作为人体内六大营养素之一，在维护幼儿身体健康方面发挥着无可替代的作用。幼儿在幼儿园是否能够主动饮水、饮水量是否适宜会直接影响到幼儿的身体情况。幼儿饮水也是家长最为关心的事情，每天入园，家长都会反复说："多喝水。""老师，给孩子多喝点儿水。"《幼儿园工作规程》中明确指出，教师要培养幼儿主动饮水的习惯，因此饮水环节成为幼儿在园一日生活中十分重要的部分。下面就来探讨保育员如何科学组织饮水环节，帮助幼儿养成主动喝水的好习惯。

学习目标

知识目标

1. 了解饮水对幼儿健康的重要性；
2. 掌握不同年龄、不同情况下幼儿的饮水知识；
3. 掌握饮水环节的准备工作及指导要点。

能力目标

1. 能够根据天气情况控制好饮用水的温度，确保有足够的饮用水；
2. 能够帮助幼儿养成良好的饮水习惯；
3. 能够组织幼儿科学饮水。

情感态度价值观

1. 培养保育员良好的责任意识，充分认识到饮水保育工作的重要性；
2. 在饮水保育工作中培养保育员科学、严谨、细心的工作态度。

任务一　幼儿饮水前的准备

任务导入

水是人类身体构成的一个重要组成部分，参与人每天正常的生理循环，因此饮水是保育员日常工作的一个重要环节。为幼儿准备洁净的饮水工具和适宜的饮用水，是保障幼儿饮水质量的重要一环。教给幼儿科学的饮水方法，是保障幼儿健康成长的前提和基础。刘老师是一名经验丰富的保育员，她今天和往常一样，早早来到幼儿园，开始了幼儿来园前的准备工作，首先她开始给幼儿们准备饮用水。

思考：保育员应该如何为幼儿们准备饮用水？在准备工作中有哪些注意事项？

任务准备

一、幼儿对水的需求量

3~6岁是幼儿生理迅速发育的时期。这一时期的幼儿抵抗疾病的能力较弱，容易受到外界病原体的侵入。足量饮水不仅能使咽喉保持清洁和湿润，使大便保持通畅，而且能保证机体新陈代谢的正常进行，提高机体抵抗疾病的能力，从而减少疾病的发生。尤其是幼儿患病出现发热、出汗、呕吐或腹泻等症状时，更应及时补充水分，以防因失水而导致病情加重。因此，通过科学的饮水照护与指导，引导幼儿充足饮水，能够使幼儿的身体正常代谢，促进身体健康。

二、幼儿饮用水的保健要求

（1）幼儿饮用水的温度及饮水量要根据天气及运动量适当调整。

（2）患病的幼儿要根据医生的指导饮水。幼儿发热时，体内水分流失大，多饮水可以及时补充水分。

（3）每次饮水时要给予幼儿充足的时间。

（4）对于因特定情况而口渴的幼儿，一定要监督其及时饮水。

任务实施

物品准备

工作服、保温桶、抹布、清洁剂或白醋。

工作内容

进行个人卫生清洁工作；科学规范地清洗保温桶；保育员应在当天为全体幼儿准备温度适宜的饮用水，做到随用随有；能够根据天气情况做好降温和保温工作，使饮用水的温度适合幼儿直接饮用；确保开水不进活动室。

操作要求

（1）倒掉前一天剩下的水，并观察周围是否有幼儿，如果有幼儿走动，应提示其到其他区域活动，以免发生危险。

（2）掀开保温桶的盖子时，要做到盖子内侧朝上放在桌子上，避免污染。

（3）桶内如有水垢，需要清洗干净。

（4）用保温桶清洁专用抹布，蘸取清洁剂或白醋擦洗保温桶内胆的周边和底部，并用开水将保温桶内胆周边和底部的残渣冲洗干净，并将污水倒出。

（5）用保温桶外部清洁专用抹布重点清洗保温桶的水龙头，并用开水冲洗干净。

（6）用另一块半干的专用抹布擦干保温桶外部。

（7）保温桶内的水注入七分满即可，以防止水溢出伤及幼儿。

（8）随时观察水位，做到随时供应。

（9）打好水后要盖好盖子，上好锁扣，以防水被污染或幼儿掀盖发生危险。

操作流程

一、清洗保温桶

清洗保温桶（3-1-1）的操作步骤及说明如下：

（1）倒掉前一天剩下的水。

（2）每天用清洁剂或白醋清洗保温桶，将里外都洗净。

（3）用清水将保温桶里外漂洗干净。

（4）每天用消毒剂擦拭水龙头和出水口，保证保温桶清洁、无死角。

（a） （b） （c）

图 3-1-1 清洗保温桶
（a）倒掉剩水；（b）清洗内胆；（c）清洗水龙头

二、打水

打水（图 3-1-2）的操作步骤及说明如下：

1. 饮用水的准备

应在当天为全体幼儿准备温度适宜的温开水，做到随用随供应。保温桶内的水注入七分满即可，防止水溢出伤及幼儿。

2. 控制水温

保育员应能够根据天气情况控制好饮用水的温度。天气寒冷时，保育员应在保温桶的外面罩上一个保温套，确保幼儿的饮用水保持温热；天气炎热时，保育员应尽早打水，使水降温，确保幼儿能够喝到足够的凉白开。

3. 防止污染

保育员要盖好饮水桶的盖子，避免饮用水被污染。

（a）　　　　　　　　　　（b）

图 3-1-2　打水
（a）注入温开水；（b）盖好盖子

任务巩固

知识重现

结合所学知识，填写饮用水准备任务学习检测表（表 3-1-1）。

表 3-1-1　饮用水准备任务学习检测表

知识与技能点	我的理解（填写关键词）
幼儿饮用水的保健要求	1
	2
	3
	4

续表

知识与技能点	我的理解（填写关键词）	
清洗保温桶	1	
	2	
	3	
	4	
饮用水的准备	1	
	2	
	3	
控制水温	1	
	2	
防止污染		

拓展提升

今天是保育员王老师上岗的第一天，她早早地来到了幼儿园，换好工作服、洗完手后，开始给幼儿们准备饮用水，王老师先倒掉前一天剩下的水，然后用自来水简单地将保温桶内部清洗了一下，就将保温桶接满了开水，并放回了原处，接着就去班级门口接幼儿入园了。

请结合案例分析保育员王老师在饮用水准备工作中出现了哪些错误，并说明正确的做法。

学习评价

请同学们根据自己的学习情况完成任务学习考评评分表（表3-1-2）。

表3-1-2 考评评分表

考评项目	配分	考评内容	自评（40%）	师评（60%）
清洗保温桶	10	能够按照工作要求，倒掉前一天剩下的水		
	16	能够每天用清洁剂或白醋清洗保温桶，将里外都洗净		
	6	能够用清水将保温桶的里外都漂洗干净		
	8	能够每天用消毒剂擦拭水龙头和出水口，保证保温桶清洁、无死角		

续表

考评项目	配分	考评内容	自评 （40%）	师评 （60%）
打水	12	能够在当天为全体幼儿准备温度适宜的温开水，做到随用随供应		
	12	能够根据天气情况控制好饮用水的温度，使饮用水适于幼儿饮用		
	8	能够盖好保温桶的盖子，避免饮用水被污染		
	8	在准备饮用水的环节中，提醒幼儿不要乱跑		
职业素养	10	物品准备齐全		
	10	规范操作		
得分				

任务二　幼儿饮水时的保育

任务导入

保育员刘老师在组织幼儿饮水时，突然听见小朋友豆豆"啊"地叫了一声，接着就听到豆豆哭着说："都怪你！就怪你！……"刘老师急忙走过去查看，发现豆豆捂着自己的左手在哭泣。刘老师拿开豆豆的右手，看到兜兜的左手手背上有一道红色的、被压过的痕迹。面对这样的情况，刘老师该如何处理呢？她在组织饮水的环节中出了什么问题？

请同学们通过本任务的学习，和刘老师一起学习如何在饮水环节中给予幼儿照护与指导。

任务准备

一、培养幼儿良好的饮水习惯

1. 培养幼儿定时饮水的习惯

幼儿天性活泼好动，一旦玩起自己感兴趣的游戏，往往吃饭、喝水、大小便等都无暇顾及。所以，每天要定时安排幼儿饮水，以保证其机体的需要。

2. 培养幼儿饮白开水的习惯

营养专家指出，幼儿最好的饮料就是白开水。因为白开水进入体内后，能迅速进行新陈代谢，进而消除疲劳，提高机体抵抗疾病的能力。所以，引导幼儿饮用白开水有利于幼儿的身体健康。

3. 培养幼儿不定时饮水的习惯

在培养幼儿定时饮水习惯的同时，还要有意识地培养他们不定时饮水的习惯。因为气温、活动量、饮食结构、身体状况等因素都会影响幼儿对水的需求。所以当定时饮水不能很好地满足幼儿的需求时，保育员要及时提醒他们随渴随饮。天气炎热、活动量大、出汗较多时，要及时让幼儿补充水分；饮食过咸、过干时，也要让幼儿及时补充水分；感冒、咳嗽、发烧时，更要让幼儿多饮水，以确保其机体需求并及时将体内的毒素排出去。

4. 培养幼儿吃饭时不饮水的习惯

吃饭时不要饮水，因为食物在嘴里混合唾液，经过牙齿的咀嚼，才能被分解、消化进而被吸收。如果吃饭时饮水，食物得不到充分咀嚼，不但会影响食物的消化吸收，还会影响幼儿的咀嚼能力。长期如此，不利于幼儿的身体健康。

5. 培养幼儿不在剧烈运动后立即饮水的习惯

剧烈运动后，幼儿的心脏会加速跳动，此时立即饮水会给心脏造成一定的压力，容易导致供血不足。

6. 培养幼儿不饮冰水的习惯

饮冰水容易引起胃黏膜血管收缩，影响消化、刺激肠胃，使防胃的蠕动加快，甚至引起肠痉挛，导致腹痛、腹泻，对幼儿的身体健康非常有害。

7. 培养幼儿自己补充水分的习惯

随着幼儿年龄的增长，保育员要有意识地培养幼儿在未经提醒的情况下，养成自己补充水分的习惯。这样不仅可以让幼儿及时地补充水分，而且有利于培养幼儿独立做事的能力。

二、保证幼儿饮水量充足

幼儿园应当为幼儿提供符合国家《生活饮用水卫生标准》的饮用水，保证每天上下午各1~2次集中饮水，同时保育员需要根据季节酌情调整幼儿的饮水量，鼓励幼儿根据自己的需求主动饮水，随时饮水。

一般来讲，建议幼儿每天可以饮水6~8次，每次饮水量100～150毫升（可根据季节变化酌情调整）。饮水时间建议为：早晨起床后、区域活动后、教育活动后、户外活动后、午睡起床后、下午游戏活动后、下午户外活动后、晚饭后一小时。3~6岁幼儿的新陈代谢比较快，需要的水分也比较多，在日常生活中3~6岁幼儿每天饮水总量应为1 200~1 600毫升。

▶ 任务实施

物品准备

工作服、洗手液、毛巾、水杯、抹布、拖布。

工作内容

准备温度适宜、足量的饮用水，一人一水杯，组织幼儿饮水操作，幼儿饮水后的指导。

操作要求

（1）保持地面干燥、无水渍，排除安全隐患。

（2）在组织激烈活动时，应观察幼儿们的表现，大量出汗的幼儿可暂停活动，待幼儿呼吸平稳后鼓励其少量多次喝水。

（3）对不爱喝水的幼儿，应注意观察他们每天的饮水量，了解原因并寻找对策。

（4）对体弱、近期在服药或患病初愈、过敏的幼儿等，应多提醒其饮水。

（5）习惯的养成是一个漫长的过程，保育员切不可急于求成，应提高认识，反复强调，逐步培养。

（6）保育员应准备应急用水杯或一次性水杯，做到一人一水杯。

操作流程

操作准备：准备温度适宜、足量的饮用水，一人一水杯。

一、提出饮水要求

（1）卫生要求：注意手部卫生，饮水前用洗手液和流动的水清洁双手。

（2）接水要求：拿取自己的水杯，每次接半杯水，喝完再接，尽可能喝足量，不浪费水。

（3）安全要求：在盥洗室洗手时，应分组洗手，不拥挤、不推搡；接水时，有序排队；饮水时，不说话、不吵闹，有序、不拥挤，避免将水洒到衣服上或地上。

二、组织幼儿饮水前洗手

根据班级人数分组洗手，每组不超过8人。提醒幼儿们使用洗手液，并用流动的水冲洗干净，然后使用洁净的毛巾擦干双手。

三、组织幼儿拿取自己的水杯

（1）帮助或指导托班、小班幼儿按标识拿取自己的水杯，教会幼儿认识自己的水杯位置，拿水杯时要用手握住杯柄。

（2）指导中班、大班幼儿按标识自行拿取水杯。

四、帮助、指导幼儿按需取水

帮助、指导幼儿按需取水（图3-2-1）的操作步骤及说明如下：

（1）帮助或指导洗好手的托班、小班幼儿拿取水杯，帮助幼儿倒水，先倒小半杯水，喝完再倒。

（2）指导中班、大班幼儿自己接水，提醒他们有序排队，不要接水过满，每次接半杯水，按需要喝完再接。

（a） （b）

图 3-2-1 帮助、指导幼儿按需取水
（a）帮助托班、小班幼儿倒水；（b）指导中班、大班幼儿自己接水

五、组织幼儿分批或有序饮水

组织幼儿分批或有序饮水（图 3-2-2）的操作步骤及说明如下：

接水后，引导幼儿们坐在自己的小椅子上，或在饮水区有序喝水。对于生病等有特殊情况的幼儿，保育员要帮助其饮水。

（a） （b）

图 3-2-2 组织幼儿分批或有序饮水
（a）照顾生病幼儿饮水；（b）幼儿在饮水区有序喝水

六、饮水后的指导

饮水后的指导操作步骤及说明如下：

1. 水杯及环境整理

（1）指导幼儿按标识将自己的水杯归位，并检查位置是否正确。
（2）摆放水杯时，做到杯柄朝外，杯口朝上，不碰触到杯壁，杯子与杯子之间无碰触。
（3）用抹布把桌面上的水擦干净。
（4）用半干的拖布进行地面清洁。

2. 饮水情况反馈

（1）检查水杯内有无剩下的水。如有剩下的水，了解剩下的水的原因，如果是幼儿不爱饮水，则要制定方案，培养幼儿的饮水习惯；如果是幼儿接水过多，则指导其按需接水，不要浪费。

（2）应掌握幼儿一天的饮水量，特别是患病、体弱幼儿的饮水情况。

（3）如在饮水过程中发现异常情况，要及时记录，并将情况及时反馈给本班教师。

任务巩固

知识重现

结合所学知识，填写饮水组织任务学习检测表（表 3-2-1）。

表 3-2-1　饮水组织任务学习检测表

知识与技能点	我的理解（填写关键词）
培养幼儿良好的饮水习惯	1
	2
	3
	4
	5
	6
	7
提出饮水要求	1
	2
	3
组织幼儿饮水前洗手	1
	2
	3
组织幼儿拿取自己的水杯	1
	2
帮助、指导幼儿按需取水并有序饮水	1
	2
水杯及环境整理	1
	2
	3
	4
饮水情况反馈	1
	2
	3

拓展提升

最近一段时间，保育员张老师发现班级中几个幼儿常常不好好喝水，还把水喝到嘴里又吐出来。张老师为了培养幼儿们养成良好的饮水习惯，想了许多办法，例如，喝水的时间又到了，张老师没有着急让幼儿们喝水，而是告诉他们："春天到了，现在你们都是漂亮的小花，让张老师看你们美不美！"幼儿们听到后，都积极摆出各种姿势。张老师说："可是花儿都干了，怎么办？让我们给它们浇浇水吧！"就这样，张老师让幼儿们去拿杯子喝水，就连平时不爱喝水的幼儿都很快把水喝完了。

请结合案例分析保育员张老师组织幼儿饮水的方法正确吗？试列举培养幼儿良好饮水习惯的小妙招。

学习评价

请同学们根据自己的学习情况完成任务学习考评评分表（表3-2-2）。

表 3-2-2 考评评分表

考评项目	配分	考评内容	自评（40%）	师评（60%）
操作准备	5	能够准备温度适宜、足量的饮用水		
	5	能够做到一人一水杯		
提出饮水要求	8	做到饮水前用洗手液和流动的水清洁双手		
	12	做到洗手时不拥挤、不推搡；接水时有序排队		
组织幼儿拿取自己的水杯	8	能够帮助托班、小班幼儿拿水杯，并帮助他们接好水		
	8	能够指导中班、大班幼儿按标识自行拿取水杯		
帮助、指导幼儿按需饮水	12	能够帮助托班、小班幼儿接好水，可先接小半杯水，喝完再接		
	12	能够指导中班、大班幼儿自己接水，提醒他们有序排队，不要接水过满，每次接半杯水，按需要喝完再接		
组织幼儿分批或有序饮水	16	能够引导幼儿们坐在自己的小椅子上，或在喝水区有序喝水		
饮水后的指导	8	能够科学规范地进行水杯及环境整理		
	6	能够对幼儿的饮水情况进行总结反馈		
		得分		

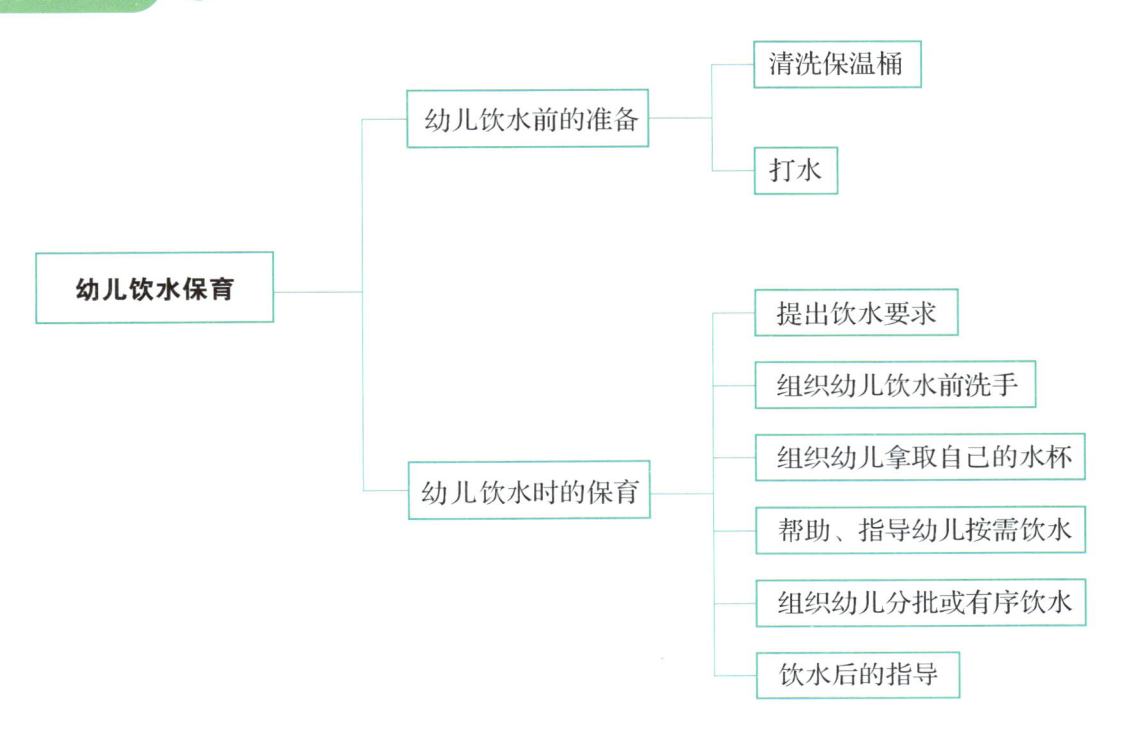

项目总结

- 幼儿饮水保育
  - 幼儿饮水前的准备
    - 清洗保温桶
    - 打水
  - 幼儿饮水时的保育
    - 提出饮水要求
    - 组织幼儿饮水前洗手
    - 组织幼儿拿取自己的水杯
    - 帮助、指导幼儿按需饮水
    - 组织幼儿分批或有序饮水
    - 饮水后的指导

项目四 幼儿如厕保育

　　如厕看似是一件小事,但是对幼儿的身心健康有着重要的意义。弗洛伊德在人格发展的五阶段中提出,肛门期会在生命的第二年出现。这一时期,幼儿学会对生理排泄的控制,这对幼儿行为符合社会要求有着重要的意义。这个时期如果过于放纵或者要求过于严格,幼儿会形成"肛门排泄型"或"肛门滞留型"两种不良人格。"肛门排泄型"者容易出现不讲卫生、很少考虑别人的感受和评价及放纵等行为;"肛门滞留型"者容易出现保守、吝啬、固执、洁癖等行为,并伴有一定的强迫性人格。由此可见,如厕训练对幼儿发展的作用。保育员要引导幼儿学会如厕的基本技能,建立良好的如厕常规,让幼儿养成良好的排泻习惯,促进幼儿的身心和谐发展。

学习目标

知识目标

1. 了解如厕环境的重要性;
2. 掌握不同年龄段幼儿如厕指导的重点。

能力目标

1. 能够指导幼儿用正确的方法如厕;
2. 能够做好幼儿如厕的照护工作;
3. 能够帮助幼儿养成如厕的良好习惯。

情感态度价值观

1. 重视和正确看待幼儿在如厕环节中出现的各种问题,培养幼儿的如厕能力;
2. 培养保育员良好的责任意识,充分认识到如厕保育工作的重要性;
3. 在幼儿园如厕保育工作中培养保育员科学、严谨、细心的工作态度。

任务　幼儿如厕保育

任务导入

户外活动结束后，幼儿们有的喝水，有的上厕所。这时，保育员张老师听到厕所里传来了幼儿们争执的声音："我先抢到的，应该我先上！""是我先来的，应该我先上！"吵着吵着，一个幼儿就推了另一个幼儿一下，幸亏张老师及时赶到，才避免了受伤事件的发生。面对这种问题，张老师该怎么办呢？

请同学们通过本节课的学习，了解保育员应该如何组织开展如厕活动的照护与指导。

任务准备

如厕是幼儿在园一日活动中必不可少的部分，保育员应帮助幼儿从小养成良好的生活和卫生习惯，让幼儿掌握基本和简单的生活自理能力，促进幼儿健康成长。

一、帮助幼儿养成定时如厕、按需如厕的好习惯

保育员可以通过儿歌、故事等形式培养幼儿定时如厕、按需如厕的习惯。保育员可以通过故事和儿歌告诉幼儿，有小便了要主动去厕所，不能憋尿，每天要在固定时间去大便。

二、帮助幼儿养成自觉遵守规则的好习惯

幼儿如厕时，保育员应帮助其养成自觉遵守规则的好习惯，如讲秩序，不拥挤，不推挤，不大声喧哗、吵闹，不追跑嬉戏，不妨碍他人如厕；洗手动作迅速、认真，不玩水，不玩皂液，不浸湿衣服，不把水甩在别人身上和地上；节约用水、节约用纸等。

三、帮助幼儿养成便后冲厕洗手的好习惯

（1）保育员应充分发挥自己的榜样作用。
（2）让幼儿了解便后冲厕洗手的重要性，自觉做到便后冲厕洗手。
（3）在帮助幼儿养成良好如厕习惯的过程中，应耐心、细致，循序渐进。
（4）促进家校合作，保育员应和家长加强沟通，以方便双方根据幼儿的具体情况，分析原因、商量对策，更好地帮助幼儿养成良好的如厕习惯。

任务实施

物品准备

工作服、洗手液、卫生纸。

工作内容

引导幼儿养成良好的如厕习惯；帮助幼儿养成如厕自理能力；创设良好的如厕环境；明确不同年龄段如厕指导的重点。

操作要求

1. 引导幼儿养成良好的如厕习惯

随着年龄的增长和大脑皮层控制能力的增强，幼儿可以通过合理的引导和训练，逐渐形成排尿和排便意识。在如厕保育的过程中，如果能够感受到保育员的爱护、关心和帮助，幼儿会较为容易地接受相应的训练，形成有效的排尿、排便反应，养成良好的排尿、排便习惯，保持身体干净卫生。

2. 帮助幼儿养成如厕自理能力

科学合理的如厕照护与指导，可以帮助幼儿正确认识排尿、排便的生理现象，认识排尿、排便与身体健康之间的关系，能让幼儿及时感知自己的尿意和便意，逐步学会控制排尿和排便。此外，在如厕过程中，引导幼儿掌握穿脱衣裤、擦屁股、冲厕所、洗手等技能，培养幼儿的如厕自理能力，为其将来独立生活打下基础。

3. 创设良好的如厕环境

创设温馨、轻松的如厕环境可以帮助幼儿克服不愿在幼儿园大小便的紧张情绪，帮助幼儿养成良好的排尿、排便习惯。温馨、轻松的如厕环境主要包括物质环境和心理环境。

（1）物质环境的创设。

保育员要创设温馨的物质环境，注意保持厕所的清洁、卫生；为幼儿准备充足的、长度合适的卫生纸。如果是蹲便，应当为小班幼儿设置小扶手，方便幼儿蹲下和站起。

（2）心理环境的创设。

保育员应在每个活动的过渡环节提醒幼儿大小便，语气要亲切柔和，不强迫幼儿大小便，允许幼儿根据自身情况随时大小便。对待个别大便困难或不会蹲便的幼儿，可设置一些儿童坐便器，保育员可适当陪伴，消除其紧张心理，使其逐步学会自己蹲厕所大小便。

操作流程

一、托班、小班幼儿的如厕指导

托班、小班幼儿年龄小，语言表达能力弱，自理能力和自我控制能力差，需要在保育员的帮助下大小便。

1. 学会观察托班、小班幼儿排便前的动作表现

保育员除了指导幼儿定时如厕外，还应随时注意观察托班、小班幼儿的表现，发现其有以下动作表现时，应及时带其排便。

小便前：伴有打寒颤、眼睛发直、使劲、下蹲、脸色发红等表现。

大便前：排出有臭味的气体，脸色发红、眼睛发直，伴有使劲的动作和声音。

2. 帮助和指导托班、小班幼儿排便

（1）帮助幼儿脱裤子。

（2）有的幼儿大便时不习惯蹲厕，可根据情况在一旁搀扶或提供便盆让幼儿坐在便盆上大小便。

（3）帮助幼儿掌握正确的如厕姿势，鼓励幼儿蹲稳，不摔倒、不害怕。

（4）告知幼儿专心排便，并控制好排便时间。幼儿排便时间长，容易导致肛门脱垂；排便时间短，有可能排不干净。幼儿排便时间控制在5分钟左右为宜。

（5）便后要帮助并教导幼儿擦屁股、整理衣裤。

（6）提醒幼儿便后冲厕洗手，养成清洁卫生的好习惯。

3. 指导幼儿学习擦屁股

指导幼儿学习擦屁股（图4-1-1）的操作步骤及说明如下：

（1）教幼儿学会折卫生纸。将卫生纸对折3次，折成一个比自己手掌大一些的正方形或长方形。

（2）教幼儿学会"擦"的动作。可以让幼儿先练习擦鼻子、擦桌子等，让他们学习擦的动作，掌握擦干净的要领，锻炼他们擦的能力。

（3）指导男孩正确擦屁股。将卫生纸对折后从前往后轻轻擦屁股，然后将纸再次对折，从前往后第二次擦拭，如还擦不干净应更换新的卫生纸继续擦，直到卫生纸上无污物为止。

（4）指导女孩正确擦屁股。用两张纸，一张从外阴部往前擦，擦拭残留尿液；另一张从肛门往后擦，擦一次折叠一下，如还擦不干净则应换新的卫生纸擦，直到卫生纸上无污物为止。

（5）帮助幼儿建立干净的概念。可以通过故事、游戏让幼儿懂得要学会"干净"，要及时擦屁股，不然就变臭了。

（6）让幼儿进行擦屁股模拟训练。准备一个玩具娃娃，并将南瓜粥涂到玩具娃娃的屁股上，让幼儿练习给玩具娃娃擦屁股。随后进行检查，并给予示范，进行错误纠正，对表现良好的幼儿给予表扬。

（a） （b）

图4-1-1 指导幼儿学习擦屁股

（a）保育员示范擦屁股方法；（b）幼儿学习擦屁股方法

4. 托班、小班幼儿如厕特殊情况的处理

对一些特殊的幼儿，保育员应给予特殊的对待。

（1）对于情绪紧张的幼儿，保育员可多去跟幼儿说说话，经常抱抱他、亲亲他，从而消除幼儿的紧张情绪。

（2）对于经常尿裤子或拉裤子的幼儿，保育员应及时为其换上干净的裤子，处理时态度应亲切、和蔼、不讥笑、不讽刺挖苦，耐心开导，不要让幼儿因产生恐惧心理而导致恶性循环。

（3）对于害怕上厕所的幼儿，保育员应该多观察或者多交流，了解原因后再鼓励幼儿如厕。

二、中班、大班幼儿的如厕指导

1. 蹲厕姿势指导

（1）站到蹲位边。

（2）一只脚先跨过去。

（3）双脚分别站立在便池的两侧。

（4）站稳，将裤子脱到小腿肚的位置。

（5）一手扶着裤子，一手扶着栏杆，慢慢蹲下即可。

注：男孩小便时，将裤子脱在大腿根部采取站位即可。

2. 指导中班、大班幼儿排便

（1）指导幼儿用蹲厕时应双脚分别站立在便池的两侧，双腿分开，将裤子脱至膝盖处，用手扶好把手。

（2）教幼儿掌握擦屁股的方法：从前往后擦。

（3）教幼儿便后提好裤子再离开，将内衣塞进裤腰里，不露肚脐和后背。

（4）指导幼儿便后主动冲厕所。

（5）指导幼儿便后使用洗手液或肥皂规范洗手。

（6）提醒幼儿不在厕所逗留。

幼儿便后注意事项如图4-1-2所示。

（a）　　　　　　　　　　（b）

图4-1-2　幼儿便后注意事项
（a）便后冲水；（b）便后洗手

> 任务巩固

知识重现

结合所学知识，填写如厕保育任务学习检测表（表 4-1-1）。

表 4-1-1　如厕保育任务学习检测表

知识与技能点	我的理解（填写关键词）
学会观察托班、小班幼儿排便前的动作表现	1
	2
帮助和指导托班、小班幼儿排便	1
	2
	3
	4
	5
	6
指导幼儿学习擦屁股	1
	2
	3
	4
	5
	6
托班、小班幼儿如厕特殊情况的处理	1
	2
	3
蹲厕姿势指导	1
	2
	3
	4
	5
指导中班、大班幼儿排便	1
	2
	3
	4
	5
	6

拓展提升

> 活动结束后，幼儿们小便后都开始去喝水了，这个时候，正在喝水的月月开始轻微的跺脚了，保育员李老师赶忙抱她去卫生间，可还是来不及了，就这样尿在了裤子里面。于是，每次李老师都提前问月月要不要小便，提醒她，如果想去小便就赶快过去，或者跟老师大声说出来，养成提前小便的好习惯。尽管如此，月月依然偶尔还是会尿裤子。
>
> 请结合案例，思考保育员应该如何培养幼儿良好的如厕习惯。

学习评价

请同学们根据自己的学习情况完成任务学习考评评分表（表4-1-2）。

表4-1-2 考评评分表

考评项目	配分	考评内容	自评（40%）	师评（60%）
清洁厕所	8	保证良好的如厕环境		
准备卫生纸	8	确保卫生纸清洁、够用		
准备如厕	12	帮助和指导小班、托班幼儿排便		
	12	指导中班、大班幼儿自主如厕		
科学如厕	12	教给幼儿正确的如厕方法		
擦屁股	8	教给幼儿正确的擦屁股方法		
冲厕所	12	提示幼儿便后主动冲厕所		
整理衣物	8	指导幼儿整理衣物		
便后洗手	12	提醒幼儿便后洗手		
离开厕所	8	提醒幼儿不在厕所逗留		
得分				

项目总结

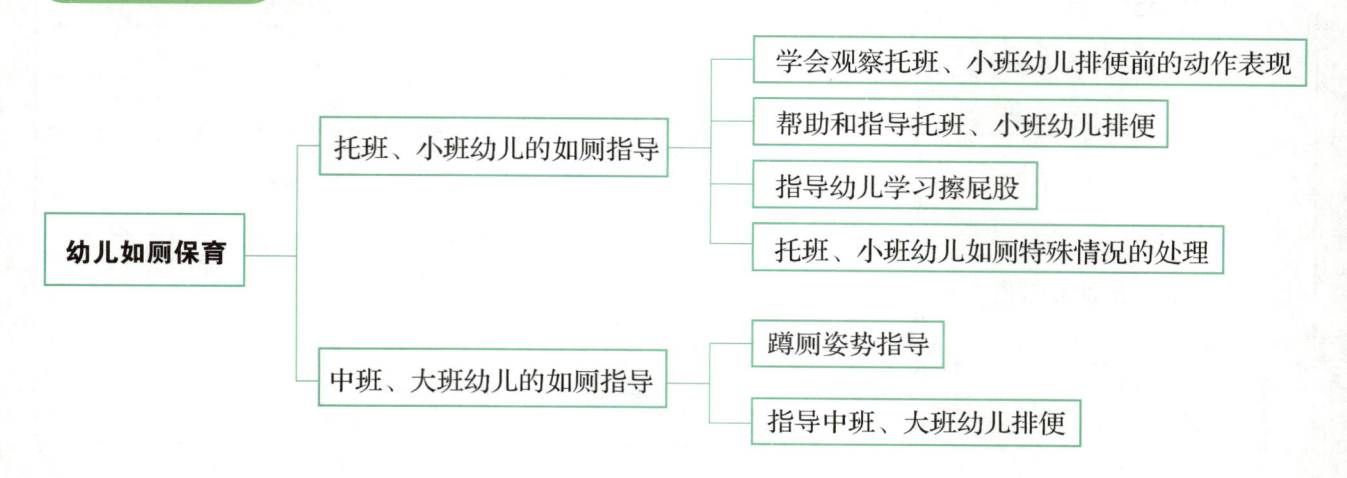

幼儿如厕保育
- 托班、小班幼儿的如厕指导
  - 学会观察托班、小班幼儿排便前的动作表现
  - 帮助和指导托班、小班幼儿排便
  - 指导幼儿学习擦屁股
  - 托班、小班幼儿如厕特殊情况的处理
- 中班、大班幼儿的如厕指导
  - 蹲厕姿势指导
  - 指导中班、大班幼儿排便

项目五 幼儿睡眠保育

睡眠是幼儿在园的一项重要活动。良好的睡眠可以消除疲劳，使幼儿在活动中保持良好的精神状态。幼儿年龄越小，需要的睡眠时间越多。《3~6岁儿童学习与发展指南》指出："保证幼儿每天睡11~12小时，其中午睡一般应达到2小时左右。午睡时间可根据幼儿的年龄、季节的变化和个体差异适当减少。"每年的3月21日被定为"世界睡眠日"，这是由国际精神卫生和神经科学基金会在2001年发起的，并在2003年由中国睡眠研究会正式引入中国。

学习目标

知识目标

1. 了解睡眠环境的准备工作；
2. 知道幼儿午睡的工作内容；
3. 掌握幼儿起床后的工作内容。

能力目标

1. 能够按照工作要求做好幼儿睡眠前的照顾、如厕和安全检查工作；
2. 能够按照工作要求照顾幼儿午睡；
3. 能够按照工作要求做好幼儿睡眠后的整理工作。

情感态度价值观

1. 认真对待工作，增强责任意识和养成做事一丝不苟的好习惯；
2. 培养角色意识，认识到保育工作的重要性。

任务一　幼儿睡前的准备

任务导入

刘老师是一名优秀的保育员，在平时的工作中认真负责。和往常一样，吃过午饭，收拾完卫生，刘老师将床摆好，把被子铺好，准备让幼儿们午睡。她先是提醒幼儿们睡前如厕，然后播放了一个好听的故事。幼儿们都安静地躺在床上，刘老师巡回对幼儿进行了午检。慢慢地，在故事的陪伴中，幼儿们一一进入了梦乡。

思考：幼儿睡前准备工作都包括哪些环节？在具体工作中有哪些注意事项？

任务准备

良好的睡前准备有助于幼儿尽快进入睡眠状态，并有较高的睡眠质量。因此，保育员要合理安排幼儿的睡前活动，做好充分的睡前准备。具体来说，应做好以下几方面准备工作：

1. 睡前进行安静活动

本着"以静为主，动静交替"的原则，午睡前，保育员可以安排幼儿进行一些轻松、安静的活动，如散步、听故事、听音乐等。

2. 铺好被子

幼儿午睡前，保育员要为幼儿铺好被子。邻床的两名幼儿应交叉各睡一头，避免口对口呼吸。保育员将幼儿的枕头铺平，将被子打开铺好，被角掀起至90°直角。

3. 提醒排便

午睡前10分钟，保育员要提醒幼儿大小便，消除午睡中生理的干扰。

4. 摘下头饰

保育员要提醒并帮助幼儿解开小辫，摘下发卡、皮筋等头饰，这样做一方面可以排除安全隐患，另一方面松散头发更有利于幼儿睡眠。

5. 睡前午检

保育员要重点关注幼儿的健康状况，检查幼儿是否携带了小玩具、线绳等物品，以排除安全隐患。

6. 关闭窗子

保育员要关闭大多数窗户，只开一两扇不会直吹幼儿的窗户，拉好窗帘。秋、冬、春季，幼儿穿脱衣服及入睡时，应关闭窗户，避免冷风直吹幼儿。

7. 营造午睡气氛

保育员可采用放轻柔的音乐、讲故事等方法营造午睡气氛，并用手势代替语言，暗示幼儿保持安静，尽快入睡。

任务实施

物品准备

床、被褥、适宜的故事或音乐等。

工作内容

（1）做好睡眠环境的准备工作。
（2）做好幼儿睡眠前的照顾、如厕和安全检查工作。

操作要求

（1）要做好睡眠前的各项准备工作，包括抬床、关窗户、拉窗帘等。根据季节变化调节室内温度，注意室内通风或保暖，掌握好开窗通风的时间，及时提醒家长更换厚度不同的被子，夏季注意做好防蚊措施。
（2）保持被褥的清洁与干燥，每月定期清洗及晾晒，发现污渍、尿渍及时清洗。
（3）提醒幼儿睡眠前如厕。
（4）做好幼儿睡眠前的安全检查工作。
（5）指导幼儿按照顺序脱衣服、叠衣服，按要求把衣物放在指定的位置上，摆放整齐。
（6）对于需要服药的幼儿，睡前应帮助其服药。
（7）要细心、耐心、有责任心，做好交接班工作。

操作流程

一、睡前环境准备

睡前环境准备（图 5-1-1）的操作步骤及说明如下：

（1）幼儿户外活动回到班级后，保育员应及时关上窗户（保育员应掌握好开窗、关窗时间，寒冷季节保育员应在午睡前半小时关窗以保持室内温度；夏季全天开窗通风，保持室内空气清新）。
（2）关好窗户并拉上窗帘。使室内光线幽暗，营造良好的睡眠气氛，有利于提高幼儿的睡眠质量。
（3）夏季幼儿午睡时，室内要使用灭蚊设备，打开灭蚊器。

（a）　　　　　　　　　　　　（b）　　　　　　　　　　　　（c）

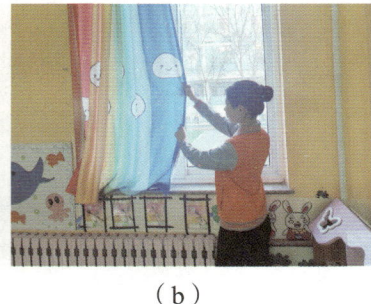

图 5-1-1　睡前环境准备
（a）关上窗户；（b）拉上窗帘；（c）打开灭蚊器

二、室内温度和湿度调节

室内温度和湿度调节的操作步骤及说明如下：

（1）保育员可以运用各种手段保持室内适宜的温度和湿度。

（2）注意温度调节：利用空调等温度调节设备，把温度控制在20~26℃。夏季室内温度高，应提前拉上窗帘遮阳，并打开空调或者风扇降温，注意空调温度不宜设置太低，风扇不能直吹幼儿。室内温度调节如图5-1-2所示。

（3）注意湿度调节：冬季取暖时，应注意打开加湿器或者在室内放一盆水，以增加空气湿度，预防幼儿因鼻腔干燥而流鼻血。室内湿度应控制在40%~60%。

（a）　　　　　　　　　　　　　　　　　　（b）

图 5-1-2　室内温度调节
（a）打开空调；（b）调节温度

三、准备床铺

准备床铺（图5-1-3）的操作步骤及说明如下：

（1）根据据幼儿园实际情况，在规定的时间内将幼儿床铺提前铺好。

（2）幼儿床要摆放整齐，注意间隔距离（40~50厘米），以防止呼吸道疾病的传染。若室内空间不大，床挤靠较紧，可让幼儿头脚互换，即一人睡这一头，另一人睡那一头。室内要留有走道，一般为50厘米宽，便于幼儿如厕及保育员巡视照顾。体弱幼儿的床铺应安排在背风处，体质较好、怕热的幼儿可安排在通风处（但不能吹过堂风）。易尿床和活泼好动、爱说话的幼儿要睡在保育员照顾得到的地方，咳嗽的幼儿最好与其他幼儿保持一定的距离。

（3）幼儿床上的被褥，应随季节变化随时更换。保持被褥清洁与干燥，每月定期清洗及晾晒，发现污渍、尿渍及时清洗。传染病期间，每周清洗并晾晒被褥。根据季节变化，及时更换不同厚度的被褥。

（a）　　　　　　　　　（b）　　　　　　　　　（c）

图 5-1-3　准备床铺
（a）抬床；（b）摆床；（c）更换被褥

四、组织幼儿如厕

组织幼儿如厕（图 5-1-4）的操作步骤及说明如下：

在做好睡前准备活动后，保育员要组织幼儿如厕，提醒并关注幼儿将尿液排空，以免因有尿意而影响幼儿的睡眠质量甚至尿床。

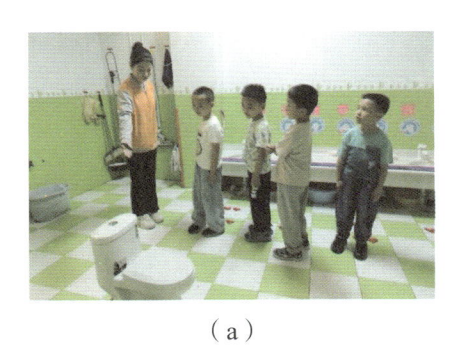

（a）　　　　　　　　　（b）

图 5-1-4　组织幼儿如厕
（a）带幼儿如厕；（b）让幼儿如厕后冲水

五、安全检查

安全检查（图 5-1-5）的操作步骤及说明如下：

（1）为了防止幼儿在睡眠过程中出现安全隐患，保育员应做好安全检查。注意检查幼儿的衣服口袋里是否装有危险品，如扣子、发卡、花生米等细小物品。

（2）此外，还要检查幼儿的口和双手，看看口腔内是否还有食物。

（3）检查幼儿的双手是否干净、有没有拿东西。

（a） （b） （c）

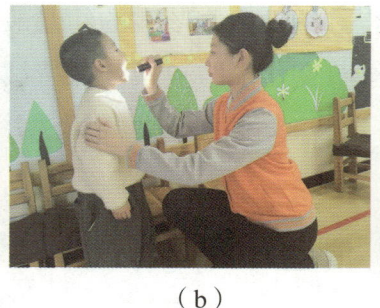

图 5-1-5 安全检查
（a）检查衣服口袋；（b）检查口；（c）检查双手

六、指导幼儿穿脱和摆放衣服、鞋袜

指导幼儿穿脱和摆放衣服、鞋袜的操作步骤及说明如下：

（1）指导幼儿穿脱和摆放衣服、鞋袜。指导或帮助幼儿脱衣，提醒其采用正确的顺序方法。先将鞋袜整齐地脱放在床下，根据室内实际情况安排幼儿鞋子的摆放位置，不占用过多的过道，不能影响幼儿如厕。将衣物按要求分别叠放整齐，并放置在固定位置（衣服放在裤子上面，穿衣时方便）。

（2）对于小班幼儿，保育员应帮助其穿脱衣服、鞋袜，并根据幼儿不同的发展水平，逐步指导幼儿自理。对于中班、大班的幼儿，保育员应指导其自行穿脱衣服、鞋袜，并学会整理。在幼儿需要帮助时，保育员要耐心帮助和指导，与其交流，使幼儿尽快学会自理。指导幼儿脱衣服、鞋袜如图 5-1-6 所示。

（3）条件允许的情况下，可要求家长为幼儿准备睡衣睡裤，午睡时换上，这样可以提高睡眠质量，保护幼儿身体的正常发育，养成良好的习惯。

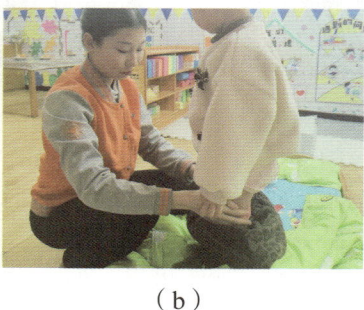

（a） （b） （c）

图 5-1-6 指导幼儿脱衣服、鞋袜
（a）脱鞋袜；（b）脱裤子；（c）脱上衣

七、帮助幼儿服药

1. 准备服药

准备服药（图 5-1-7）的操作步骤及说明如下：

（1）对于睡前需要服药的幼儿，保育员应严格按照谁接药、谁喂药的要求进行。保育员应来到班级药箱或药袋前拿起带药登记本，查看有哪些幼儿需要服药。

（2）从药袋中拿出幼儿所带药品，核对记录本和药单后，开始给幼儿喂药。

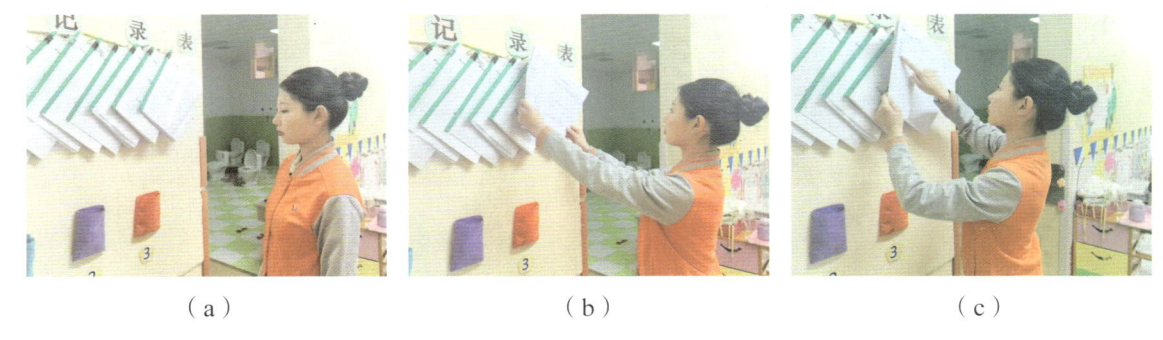

（a） （b） （c）

图5-1-7 准备服药

（a）来到药柜前；（b）查看带药登记本；（c）核对记录本和药单

2. 服用冲剂

服用冲剂（图5-1-8）的操作步骤及说明如下：

（1）保育员拿着幼儿的药品，按照药单上的姓名从水杯架上取出幼儿的水杯。

（2）将药袋里面的冲剂倒入水杯中。

（3）从保温桶或净水器中接少量的水化开。

（4）将药品搅拌均匀。

（5）看护幼儿喝下。

（6）喝完后，可以让幼儿用温开水漱漱口。

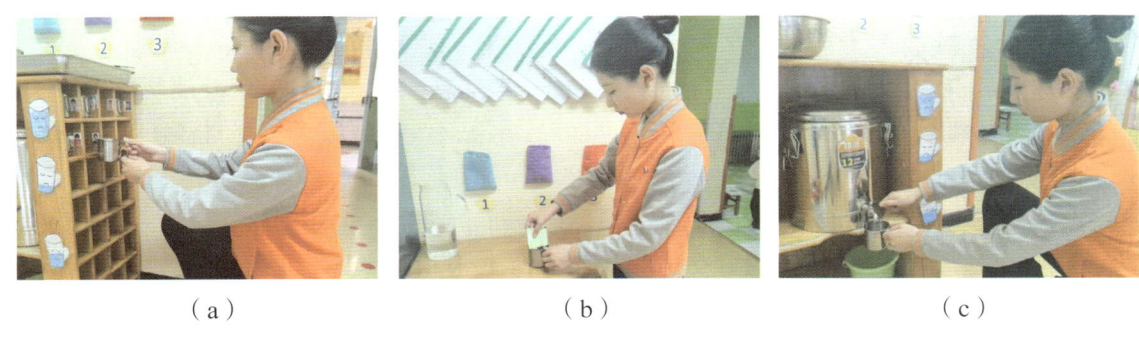

（a） （b） （c）

图5-1-8 服用冲剂

（a）取水杯；（b）倒药；（c）接水搅拌

3. 服用口服液

服用口服液（图5-1-9）的操作步骤及说明如下：

（1）将口服液药瓶拿出来，为幼儿插好吸管。

（2）看护幼儿把口服液瓶子里的药水全部喝完，将瓶子拿走再离开（防止幼儿贪玩将瓶子打碎或出现吸管扎入喉咙的情况）。

（3）将幼儿喝过的药袋或药瓶放在药袋里，保留三天。

（4）拿起带药登记本，在喂药教师签字处签好自己的名字。

（a）　　　　　　　　　　　　　　（b）

图 5-1-9　服用口服液
（a）拿口服液并插好吸管；（b）登记、签字

八、交接班工作

交接班工作（图 5-1-10）的操作步骤及说明如下：

（1）接班保育员要注意观察已经服药幼儿的情况。

（2）和接班保育员做好交接班工作，清点人数，对服药、出现的问题以及采取的措施等情况均要交代清楚。

（a）　　　　　　　　　　　　　　（b）

图 5-1-10　交接班工作
（a）做好交接班工作；（b）核对相关情况

任务巩固

知识重现

结合所学知识，填写睡前准备任务学习检测表（表 5-1-1）。

表 5-1-1　睡前准备任务学习检测表

知识与技能点	我的理解（填写关键词）
睡前环境准备	1
	2
	3
室内温度和湿度调节	1
	2
	3
准备床铺	1
	2
组织幼儿如厕	1
	2
安全检查	1
	2
指导幼儿穿脱和摆放衣服、鞋袜	1
	2
帮助幼儿服药	1
	2
交接班工作	1
	2

拓展提升

幼儿服药

忙碌的一上午结束了，吃过午饭，保育员张老师把需要服药的小朋友叫到了一起，其他小朋友进入室内开始午睡。张老师把药从药箱里拿出来，开始给小朋友分药，小明是冲剂，琪琪是口服液。张老师拿起一袋冲剂放入杯子里，搅匀之后给琪琪服下。下午小朋友都起床了，唯独琪琪还在睡，几个小朋友在琪琪耳边大声叫她，只见琪琪的眼睛微微睁了一下就又闭上了，一副睡不醒的样子。张老师反复叫了几次，可是依旧叫不醒琪琪，张老师有些心急了。

请问案例中的保育员张老师在照顾幼儿服药的环节中出现了哪些失误？正确的服药流程是什么？

学习评价

请同学们根据自己的学习情况完成任务学习考评评分表（表5-1-2）。

表5-1-2 考评评分表

考评项目	配分	考评内容	自我评价（40%）	教师评价（60%）
睡前环境准备	10	能按照工作要求，完成睡前的环境准备工作		
室内温度和湿度调节	10	能按照工作要求，完成室内温度和湿度的调节		
准备床铺	10	能按照工作要求，准备床铺		
组织幼儿如厕	10	能根据工作要求，组织幼儿如厕		
安全检查	10	能根据工作要求，进行安全检查		
指导幼儿穿脱和摆放衣服、鞋袜	10	能根据工作要求，指导幼儿穿脱和摆放衣服、鞋袜		
帮助幼儿服药	10	能根据工作要求，帮助幼儿服药		
交接班工作	10	能按照工作要求，做好交接班工作		
职业素养	10	物品准备齐全		
	10	规范操作		
得分				

任务二 幼儿睡眠中的照顾保育

任务导入

午睡时间到了，小朋友们伴着好听的故事进入了梦乡，保育员王老师巡视了一圈，帮助小朋友们各自盖好被子，走到琪琪身旁的时候，王老师发现琪琪小朋友正趴着睡觉，胳膊被身体压在了身下。王老师掀开被子，轻轻地将琪琪的身体翻正，把小手放平，又小心地为她盖好了被子，随后，王老师回到了座位上。

思考： 幼儿睡眠中的照顾保育工作都包括哪些环节？在工作中有哪些注意事项？

任务准备

幼儿逐渐进入睡眠，室内变得安静下来，此时，保育员更要有强烈的责任心，明确在幼儿午睡过程中的职责，加强午睡管理，克服麻痹思想，及时发现问题、处理问题，杜绝意外事故的发生。此外，保育员还要有意识地对个别幼儿加以细致观察、耐心督促，逐步改善其不良午睡习惯，保证幼儿的睡眠质量。具体来说，应注意以下几方面：

1. 安抚情绪

幼儿因不愿在园午睡、情绪激动时，保育员不能训斥幼儿，可转移幼儿注意力或坐在他们身边，摸摸头、拍拍背，给予幼儿一定的心理安慰。

2. 提醒排便

保育员要清楚知道班级中哪位幼儿午睡时易尿床，在午睡的中间时段提醒幼儿去小便，以消除幼儿尿床的恐惧心理。

3. 铺好被子

幼儿午睡前，保育员要为幼儿铺好被子。邻床的两名幼儿应交叉各睡一头，避免口对口呼吸。保育员应将幼儿的枕头铺平，将被子打开铺好，被角掀起至90°直角。

4. 加强巡视

幼儿午睡期间，保育员要加强巡视，一般每30分钟左右巡视一次。巡视中，要注意观察幼儿的精神状态及睡眠情况，发现问题及时处理，重大事情要及时上报。

5. 保持安静

幼儿午睡时，保育员不能在室内闲谈或打瞌睡，更不能接待客人，要保证室内安静。

6. 不使用电脑

幼儿午睡期间，保育员不可以使用电脑。这是因为，一方面，保育员使用电脑时容易入神，会忘记巡视、观察幼儿；另一方面，电脑容易发出声响，会影响幼儿的睡眠质量。

任务实施

物品准备

播放器、适宜的故事或音乐等。

工作内容

照顾幼儿午睡。

操作要求

（1）培养幼儿良好的午睡习惯，保持安静，不高声讲话或嬉笑打闹。幼儿走进寝室时，脚步要放轻。

（2）播放睡前故事，帮助幼儿尽快入睡。

（3）提醒幼儿要仰卧或右侧位，纠正不良睡姿，不蒙头、不俯卧、不玩小玩具，以防发生意外。提醒幼儿小手合十，放在头侧。

（4）要求幼儿一头一脚颠倒着睡，以减少传染病的发生。中班、大班幼儿，男孩、女孩分别排成一排睡。

（5）幼儿入睡时，夏季要穿背心、裤衩，冬季要穿秋衣秋裤。勤观察幼儿，勤给幼儿盖被子。有高热惊厥史的幼儿，床位应安排在离保育员较近的地方，发现情况及时报告、处理，并做好记录。

（6）保育员不聊天，不大声说话，不得擅离岗位。

（7）随时保持室内空气新鲜，天暖、无风时可以打开窗户、拉上窗帘，应避免对流风直吹幼儿。

操作流程

一、播放睡前故事

播放睡前故事（图 5-2-1）的操作步骤及说明如下：

将播放器拿进幼儿寝室，为幼儿播放睡前故事（故事内容应适合幼儿，为了让幼儿尽快午睡，声音不可过大）。

（a） （b）

图 5-2-1 播放睡前故事
（a）拿播放器；（b）播放故事

二、照顾幼儿午睡

照顾幼儿午睡（图 5-2-2）的操作步骤及说明如下：

（1）在幼儿午睡的过程中，保育员应加强巡视，注意观察幼儿的睡眠情况。如果发现有被子捂住口鼻的，保育员应及时帮助幼儿将被子往下拉一拉，盖到胸口处即可。

（2）提醒幼儿要仰卧或采取右侧位，纠正不良睡姿。

（3）提醒幼儿不蒙头睡觉。

（4）提醒幼儿不俯卧。

（5）提醒幼儿小手合十，放在头侧。

（6）对于经常尿床的幼儿，保育员要给予特别的关注。幼儿入睡后要经常过去摸一摸其被褥，如果有尿床的情况，应及时进行更换。同时，保育员要注意观察、掌握幼儿的排尿规律，在睡眠过程中及时叫醒他们去排尿。

（7）保育员要勤巡视幼儿午睡情况。发现枕头、被褥掉落，应及时帮幼儿捡起、盖好。发现幼儿将衣服上的线头缠绕在手指上时，应及时将线头拆除，避免因血液流通不畅出现皮肤青紫、指头坏死的现象。

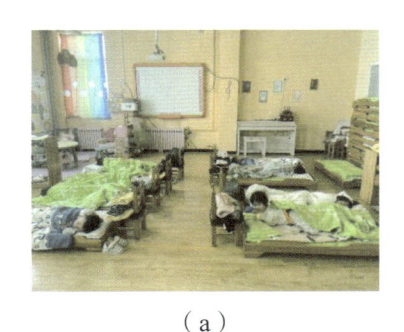

图 5-2-2　照顾幼儿午睡
（a）观察睡眠情况；（b）检查被褥

任务巩固

知识重现

结合所学知识，填写睡眠中的照顾保育任务学习检测表（表 5-2-1）。

表 5-2-1　睡眠中的照顾保育任务学习检测表

知识与技能点	我的理解（填写关键词）
播放睡前故事	1
	2
	3
照顾幼儿午睡	1
	2
	3

拓展提升

午睡

午睡时间到了，保育员曹老师播放着舒缓的音乐，小朋友们都安安静静地躺在自己的小床上。和往常一样，曹老师讲了三个有趣的故事后，开始了午休巡视，小朋友们渐渐地睡着了。

当曹老师再次巡视时，看到轩轩还在床上动来动去，他来到轩轩身边坐下，轩轩马上紧闭眼睛，一动不动，表现出很配合的样子。这时曹老师的电话响了，为了不影响小

项目五　幼儿睡眠保育

69

朋友们休息，他轻轻走到室外接听电话。曹老师接完电话后回到轩轩身边，发现他正在床上哭泣。曹老师连忙问轩轩哪里不舒服，轩轩指着鼻子说鼻子难受。原来轩轩把身上粘的米粒塞进了鼻孔，怎么都掏不出来，急得哭了起来。了解情况后，曹老师一边安慰轩轩，一边帮轩轩穿好衣服，快速联系了保健医。

请问在巡视幼儿午睡时，保育员需要关注哪些事情？如果你是曹老师，你会怎么做？

> 学习评价

请同学们根据自己的学习情况完成任务学习考评评分表（表5-2-2）。

表5-2-2　考评评分表

考评项目	配分	考评内容	自我评价（40%）	教师评价（60%）
播放睡前故事	40	能按照工作要求，播放睡前故事		
照顾幼儿午睡	40	能按照工作要求，照顾幼儿午睡		
职业素养	10	物品准备齐全		
	10	规范操作		

任务三　幼儿睡眠后的整理保育

> 任务导入

午睡时间结束了，保育员吴老师轻轻地喊小朋友们起床，小朋友们睁开惺忪的双眼，伸了个懒腰，坐起身来，准备穿裤子。胖胖小朋友从来都没有自己穿过裤子，他不知道裤子该如何穿，急得哇哇大哭。吴老师走过来，耐心地一边讲解，一边帮助胖胖穿好裤子，随后，小朋友们排队去厕所，洗手，然后来到活动室。吴老师帮助朵朵、雯雯扎好了头发，随后发给每人一块苹果，小朋友们坐在小椅子上开心地吃起来。

思考： 幼儿睡眠后的整理保育工作都包括哪些环节？在工作中有哪些注意事项？

> 任务准备

午睡结束，通过起床后的整理环节，可以帮助幼儿养成良好的生活习惯，让幼儿以饱满的情绪参加下午的活动。保育员要严格执行幼儿作息时间表，督促幼儿按时起床，不拖拉、不等待。注意观察幼儿起床后的情绪、身体状况，清点人数，同时利用整理仪表和床铺等契机，提高幼儿的生活自理能力，让幼儿体验自我服务的成功感。具体来说，可考虑以下几方面：

1. 准备午点

如果起床后的午点是水果，保育员应在幼儿起床前把水果清洗干净，削皮，切成适宜幼儿进食的大小和形状，并对桌面清洁、消毒。

2. 起床午检

叫醒幼儿之后，保育员开始进行起床午检。

3. 关注起床后的如厕环节

幼儿起床后的如厕环节比较容易发生危险。有些幼儿会你推我挤地往厕所跑，容易出现跌倒的情况。保育员要提醒幼儿按秩序排队，不要跑，以免发生意外事故。

4. 开窗通风

确定所有幼儿起床离开寝室后，打开窗帘，开窗通风（根据天气决定开窗大小和开窗时间），保持空气流通，清理寝室卫生。

5. 整理寝具

整理床铺、被褥、床单、枕巾等寝具。

6. 消毒

对寝室、寝具进行消毒。

任务实施

物品准备

准备好加餐、桌面消毒工具等。

工作内容

（1）午检。
（2）抬床、收拾并整理床铺。
（3）照顾幼儿穿衣、如厕及梳头。
（4）准备幼儿起床后的加餐。

操作要求

（1）为幼儿做好起床后加餐的准备工作及桌面消毒工作。
（2）认真做好午检工作，提醒幼儿小便，发现问题及时处理，必要时将幼儿送保健室，交由保健医处理。
（3）指导幼儿起床，学习正确、有序穿衣，照顾有困难的幼儿，大班幼儿自己学叠被子，整理床铺。

（4）检查幼儿仪表，帮助女孩梳头，使用幼儿个人专用梳子，梳子上要贴上幼儿的名字。

（5）整理幼儿床铺，清扫床铺，晾被子，然后进行地面清洁工作。

操作流程

一、午检

午检（图5-3-1）的操作步骤及说明如下：

协助教师做好午检工作，用手电筒检查幼儿的双手、口腔、皮肤有无疹子等，提醒幼儿小便。发现问题及时处理，必要时将幼儿送保健室，交由保健医处理。

（a）　　　　　　　　（b）　　　　　　　　（c）

图5-3-1　午检

（a）检查双手；（b）检查口腔；（c）检查皮肤

二、指导幼儿穿衣、如厕

指导幼儿穿衣服（图5-3-2）的操作步骤及说明如下：

（1）穿衣服时，保育员应督促幼儿动作要迅速，不要边穿边玩，以免着凉感冒（冬季穿衣服时，幼儿应先坐在被窝里穿上衣，再起身穿裤子）。

（2）保育员要注意幼儿起床时是否把衣服都穿戴整齐，有无漏穿，检查幼儿的鞋是否穿倒，鞋带是否系好，以免活动时绊倒。

（3）提醒幼儿及时排便、喝水，午睡时排尿较多的幼儿，要提醒其多喝一些水，以补充水分。

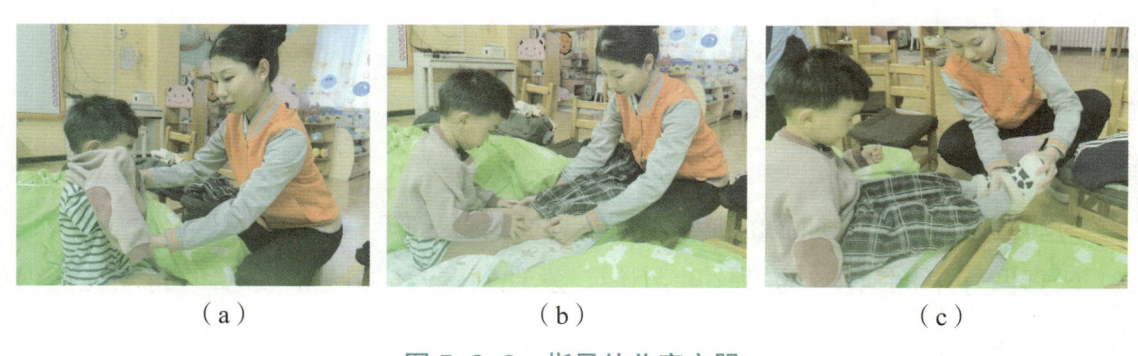

（a）　　　　　　　　（b）　　　　　　　　（c）

图5-3-2　指导幼儿穿衣服

（a）穿衣服；（b）穿裤子；（c）穿鞋

三、晾被子

晾被子（图5-3-3）的操作步骤及说明如下：

（1）幼儿全部离开寝室后，将幼儿的被子翻转过来，里面朝外晾10分钟左右。

（2）拉开窗帘，并将窗帘挽上或系上。

（3）将寝室的窗户打开，进行通风。

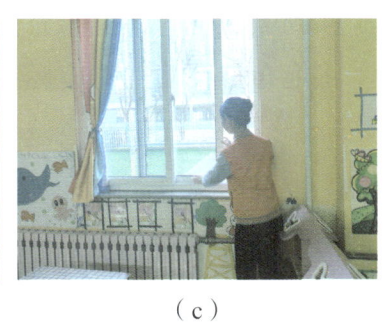

（a）　　　　　　　　（b）　　　　　　　　（c）

图5-3-3　晾被子

（a）翻转被子；（b）拉开窗帘；（c）打开窗户

四、整理幼儿床铺

整理幼儿床铺（图5-3-4）的操作步骤及说明如下：

（1）保育员将幼儿的床铺打扫干净，铺平整。

（2）保育员站在床的一侧，将被子靠近自己的一边向中间折。

（3）然后折另一边（注意宽窄适度，宽度与床的宽度一致即可）。

（4）被褥叠好，统一叠放。

（5）然后把幼儿的枕巾铺好、铺平整（保育员注意不要将枕头放在被子下面，因为枕头、枕巾会因为幼儿在睡眠时出汗而变得潮湿，所以要把枕头放在被子上面，以保持干爽）。

（6）需要抬床的幼儿园，两名保育员将幼儿的床抬起来，摞好。

（7）用床罩将幼儿的床罩好。

（a）　　　　　　　　（b）　　　　　　　　（c）

图5-3-4　整理幼儿床铺

（a）扫床；（b）叠被子；（c）抬床

五、清扫寝室

清扫寝室（图 5-3-5）的操作步骤及说明如下：

（1）从盥洗室拿来扫帚和簸箕，将寝室地面从里到外清扫干净。

（2）将扫出来的垃圾收进簸箕里，再倒入垃圾桶中。

（3）从墙上对应标签的挂钩上取下室内专用拖布（拖布为半湿半干）。

（4）把寝室的地面从里到外按顺序拖干净，一直拖到寝室门口。

（5）回到盥洗室，将拖布充分涮洗干净，并控干水分。

（6）将拖布挂在墙上对应标签的挂钩上。

图 5-3-5 清扫睡眠室
（a）扫地；（b）拖地；（c）涮洗拖布

任务巩固

知识重现

结合所学知识，填写睡眠后的整理保育任务学习检测表（表 5-3-1）。

表 5-3-1 睡眠后的整理保育任务学习检测表

知识与技能点	我的理解（填写关键词）
午检	1
	2
	3
指导幼儿穿衣、如厕	1
	2
	3
晾被子	1
	2
	3

续表

知识与技能点	我的理解（填写关键词）
整理幼儿床铺	1
	2
	3
	4
	5
	6
清扫寝室	1
	2
	3

拓展提升

尿床

午睡快结束的时候，悠悠小朋友翻了翻身，在被子里动了动，睁开眼睛坐了起来。保育员赵老师走过去蹲在她床前问："怎么了，要小便吗？"她看看赵老师说："老师，我尿床了。"赵老师赶忙掀开她的被子，果然床的中间画了一个"圆形"。赵老师什么也没说，连忙去悠悠的柜子里拿了一条裤子帮悠悠换上，随后赵老师拿起手机给悠悠妈妈打电话："你好，悠悠妈妈，悠悠来幼儿园已经第三次尿床啦！您赶紧把裤子和被褥拿回家清洗晾晒吧！"说完，赵老师把被褥叠起来放在袋子里，等悠悠妈妈来取。

请问在幼儿园发生尿床事件，保育员应该怎样做？如果你是赵老师，你会怎么做？

学习评价

请同学们根据自己的学习情况完成任务学习考评评分表（表5-3-2）。

表 5-3-2　考评评分表

考评项目	配分	考评内容	自我评价（40%）	教师评价（60%）
午检	20	能按照工作要求，进行午检		
指导幼儿穿衣、如厕	20	能按照工作要求，指导幼儿穿衣、如厕		
晾被子	10	能按照工作要求，为幼儿晾被子		
整理幼儿床铺	10	能按照工作要求，整理幼儿的床铺		
清扫寝室	20	能按照工作要求，将寝室清扫干净		
职业素养	10	物品准备齐全		
	10	规范操作		
得分				

项目五　幼儿睡眠保育

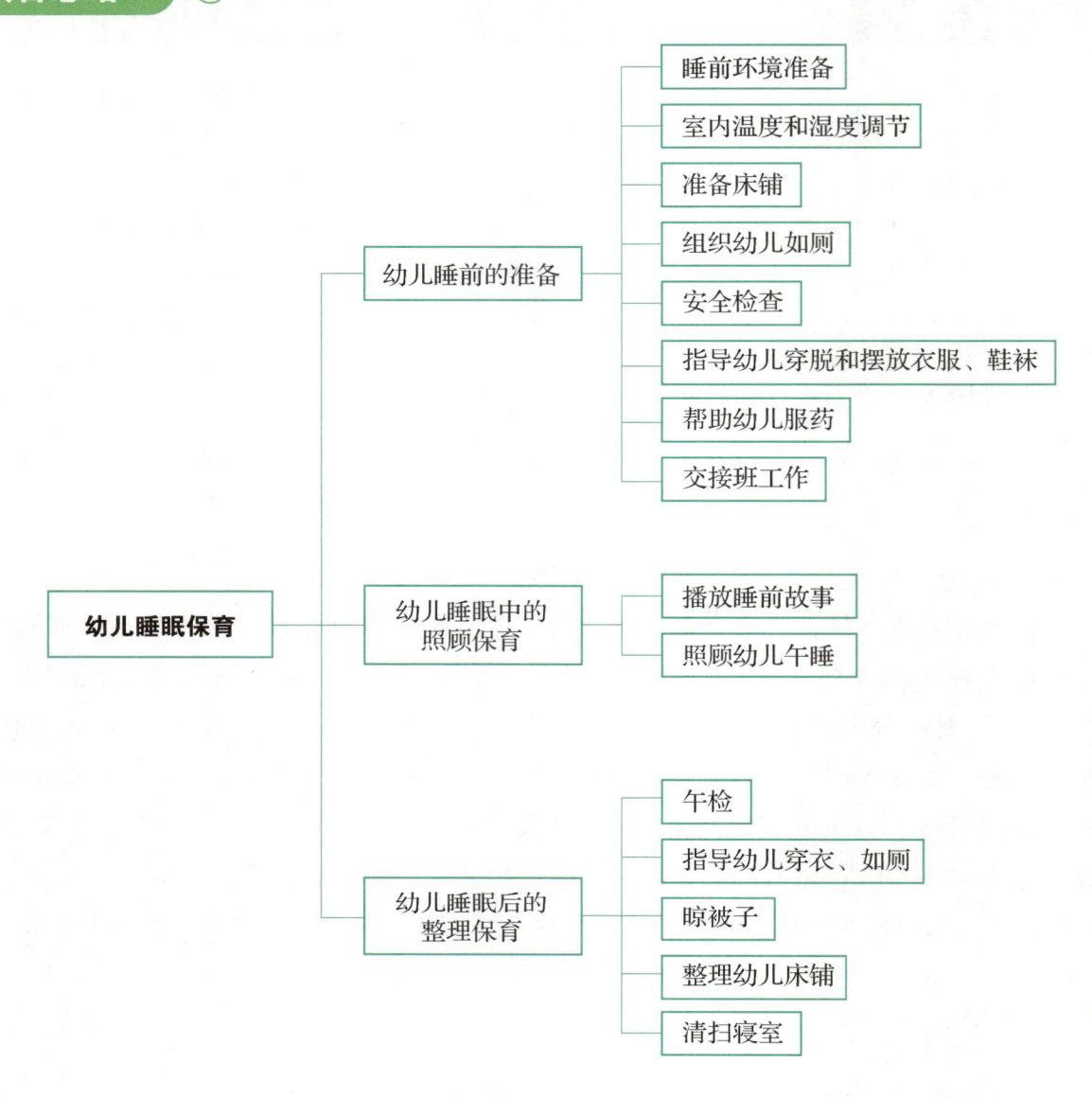

项目总结

- 幼儿睡眠保育
  - 幼儿睡前的准备
    - 睡前环境准备
    - 室内温度和湿度调节
    - 准备床铺
    - 组织幼儿如厕
    - 安全检查
    - 指导幼儿穿脱和摆放衣服、鞋袜
    - 帮助幼儿服药
    - 交接班工作
  - 幼儿睡眠中的照顾保育
    - 播放睡前故事
    - 照顾幼儿午睡
  - 幼儿睡眠后的整理保育
    - 午检
    - 指导幼儿穿衣、如厕
    - 晾被子
    - 整理幼儿床铺
    - 清扫寝室

项目六 幼儿活动保育

幼儿园是对 3 岁以上儿童实施保育和教育的机构，坚持保育与教育相结合的原则，对幼儿实施体、智、德、美全面发展的教育，促进其身心和谐发展是幼儿园教育的目标。因此，教师在制订计划、组织实施各项教育活动中，要树立保育和教育相结合的整体观念。那么，在教育工作的各个环节中，保育员应如何配合班级教师开展保育工作呢？下面将围绕教育活动中的几个主要环节对保育员如何在教育活动中开展工作进行阐述。

学习目标

知识目标

1. 掌握集体教学活动和区域活动的工作内容；
2. 掌握户外活动的常规性辅助工作内容；
3. 了解幼儿园户外活动常用的设备和材料；
4. 掌握观察幼儿户外活动量的要求与方法。

能力目标

1. 能够配合教师做好室内活动和室外活动的准备工作；
2. 能够根据天气情况及幼儿的活动量为幼儿及时增减衣服；
3. 能够配合教师保障室内活动和室外活动顺利进行。

情感态度价值观

1. 尊重幼儿的主体性地位，对幼儿及周围环境观察细致；
2. 关爱幼儿，尊重、爱护肥胖幼儿和体弱幼儿；
3. 增强合作意识，积极配合教师开展活动。

任务一　幼儿室内活动保育

任务导入

一天早上，大班的贝贝和小朋友们说到自己周末在超市购物的经历，随后大家也争相回忆起自己去超市的情景。于是，从幼儿的兴趣和实际水平出发，结合大班教育目标的需要，教师设计组织了以"超市"为主题的教学活动。在接下来的几天中，教师和幼儿一起到超市参观；在教室里布置超市角，让幼儿自己担任超市售货员、收银员、顾客，开展超市游戏；然后和幼儿开展了"有趣的超市"的谈话活动……当谈到各自购买的食物时，有个幼儿说："我喜欢吃超市的饺子，和我奶奶做的一样好吃。"幼儿们的新问题又来了："我买的东西是从哪儿来的？"……面对幼儿们的新问题，教师调整自己的方案，开始新的教学设计……

思考： 幼儿园的教学有什么特点？应以什么形式呈现？教师和幼儿在教学中处于什么地位？除了集体教学之外，还有哪些教学方式呢？

任务准备

一、保教结合理念

《幼儿园工作规程》第三条明确提出："幼儿园的任务是贯彻国家的教育方针，按照保育与教育相结合的原则，遵循幼儿身心发展特点和规律，实施德、智、体、美等方面全面发展的教育，促进幼儿身心和谐发展。"由此可见，保育工作在幼儿园各项工作中是很重要的一个方面。从幼儿园的性质、特点、任务来看，保育工作和教育工作共同担负着促进幼儿身心和谐发展的任务，因此，保育工作在幼儿园是非常重要的。

幼儿园课程是以保教结合为原则的。保教结合原则是幼儿园教育工作的根本原则。保教结合原则是根据幼儿园教育的对象，即幼儿的特点提出来的，体现了幼儿阶段教育的特点和规律。而现实工作中往往还是重"教育"，轻"保育"，两者没有很好地做到并重。保教结合是整体的概念，体现教育对个体发展的整体影响。

（一）对保教结合内涵的理解

所谓教，是指有目的、有计划、有系统地影响幼儿身心发展的活动，如合理安排幼儿的生活、锻炼，培养幼儿良好的生活卫生习惯，丰富幼儿知识经验，发展幼儿智力、语言能力，促进幼儿良好的社会适应性，培养幼儿积极向上的个性品德，促进幼儿德、智、体、美全面发展的教育活动。

所谓保，通常是指为保护幼儿生理、心理健康，增强幼儿体质，促进幼儿生长发育而进行的体格锻炼、预防疾病、执行科学作息制度、保健卫生制度等内容的活动。

《幼儿园工作规程》规定了保教结合的原则。保教结合原则是根据教育对象的特点提出的，体现幼儿园教育的特点和规律。保与教虽有各自独立的含义，但并不是互相分离的，而是有着相互交叉包含的关系。

（二）保与教的关系

保教相互结合、包含、渗透，构成充分的有机联系，教中有保，保中有教。

教中有保：教育因素渗透到幼儿健康领域，对幼儿身体、心理健康发展具有重要意义。

保中有教：保育中包含着教育性因素。例如，在强调保护和增进幼儿健康的同时，注重培养幼儿的生活能力与自我保护能力、安全意识，从而发挥保育的教育作用。

1. 对"教"与"保"的理解

"保教合一"的教育理念需要保育员在教师组织集体教育活动时，担负配班的任务，应根据教学需要及时周到地配合教师开展教学活动，保证教学活动的顺利开展。

2. 保和教各自起作用又相互联系

保和教侧重点不同，保更多的在生活环节中体现，教更多的在教育活动中体现。保和教在保教工作中所起作用的侧重点是不同的，但两者在幼儿在园一日生活中是教中有保、保中有教，保教相互结合、包含、渗透。

二、配合教育工作的任务及内容

配班工作是指保育员协助本班教师，配合引导幼儿顺利完成教学活动。在一日教育教学活动中，如果保育员积极主动配合，及时发现教师工作中的不足并及时弥补，那么，教育质量将在保教工作互补中得到保证。如集体教育活动中幼儿有喝水和如厕需求，保育员及时满足幼儿生理上的需要，就能在很大程度上弥补教师工作的不足，排除一切不利于幼儿活动开展的因素，以利于教师专心致志地做好教学活动。由此可见，保育员在一日教育教学活动中，配合组织教育工作，对切实做好保教结合，教养并重，促进幼儿健康成长，起着不可或缺的作用。

保育员要在组织活动前主动询问主班教师是否需要帮助制作玩教具、布置环境、以特殊方式摆放桌椅等，并积极配合主班教师示范设计的游戏。关注个别需要照顾的幼儿，如注意力不集中、控制能力较差的幼儿，并做观察记录，及时向授课教师反映、讨论幼儿活动中的特殊表现，并与主班教师一起制定相应的措施，做到保教合一。只有这样，保育与教育才能相辅相成，更好地促进幼儿各项能力的增长。

三、室内活动的基本形式

1. 集体教学

集体教学是指教师有目的、有计划组织的，班级所有幼儿都参加的教育活动，包括教师预设的和生成的教育活动，单独的一个活动和围绕一个主题展开的系列活动，全班一起进行的和分小组同时进行的教育活动，如谈话活动、分享活动、领域教学活动等。

2. 小组学习

小组学习是指由教师设计、发起的，幼儿基于一定的目标和任务，在教师分配或自由组建的小组中产生的合作性学习活动。

3. 区域活动

区域活动是指幼儿在教师有目的创设的具有多样性的学习环境中，根据自己的兴趣、能力与发展水平，通过与环境、材料的互动进行的个性化的游戏与学习。

四、室内活动中保育员的角色定位

1. 合作者

在教育活动中，保育员是教师、幼儿的合作者。在室内活动中，保育员应根据教育目标，及时与教师进行交流沟通，积极反馈，达成共识，以便在活动中对幼儿进行及时、准确、适宜的指导；注重与幼儿的合作，要掌握每一个活动环节对幼儿的教育作用，例如，与幼儿合作，共同收拾材料，培养幼儿良好的行为习惯。

2. 观察者

在活动中，保育员要善于观察，分析幼儿当前的水平、兴趣和需求。根据幼儿的活动情况适时地介入保育护理和指导。在活动中，保育员还要观察幼儿的身体、情绪状况，特别是对于一些特殊幼儿，必要时应给予照料或进行个别指导。

3. 参与者

保育员可以参与活动，做幼儿的玩伴，引起幼儿的兴趣，使幼儿在活动中获得更多的经验和体验，使幼儿感到安全和亲切。

4. 指导者

为保证活动的顺利进行，保育员应在了解教学目标的基础上，与教师及时沟通，配合教师指导活动，启发幼儿积极主动、有创意地参与活动，达到教育目的。

5. 保护者

保育员必须把保护幼儿的生命和促进幼儿健康放在工作的首位。在活动中，保育员应有安全意识，从环境布置、摆放教具、观察幼儿活动等各个环节保护幼儿不受伤害，同时在活动中，对幼儿随机进行安全意识教育和自我保护能力培养。例如，在玩娃娃家游戏时，教育幼儿不给陌生人开门，不吃陌生人给的糖果。

五、活动区材料的投放

（一）活动材料的类型

1. 按材料的完成度来分

按材料的完成度来分，活动材料可分为以下三种：

（1）原始材料：原始材料分为自然材料和人工材料。自然材料主要来自大自然，是未经人类加工处理的，有石头、沙子、泥土、木头、树叶、小贝壳等。人工材料有毛线、碎布条、纸张等。原始材料能让幼儿发挥无穷无尽的想象力与创造力。

（2）半成品材料：保育员将原始材料根据教育目标加工成半成品，可引导幼儿沿着保育员设定的学习路线进行表达、想象与创造。半成品材料能帮助幼儿建立学习的信心，在材料的指引下一步一步地自主学习，大胆探索，从而促进幼儿自主学习的顺利开展。

（3）成品材料：成品材料是保育员为幼儿提供的现成的材料，不需要幼儿对材料本身进行再加工，直接利用材料进行游戏活动。例如，手电筒、放大镜、毛线玩具、玩具电话、表演服装、美工工具等。

2. 按材料的结构化程度来分

按材料的结构化程度来分，活动材料可分为以下三种：

（1）高结构化材料：指材料的各部分之间形成固定关系，幼儿只能按照规则要求操作材料，以达成保育员预定的教育目标。例如，益智区里按颜色进行分类，幼儿只能把保育员提供的各种材料按颜色进行归类；用来练习"5的组成与分解"的数字卡片，幼儿只能在保育员设定的两个一组的方框里放上正确的数字。

（2）低结构化材料：指材料本身设定了隐蔽的教育目标，幼儿不容易发现，保育员也不设定玩法，幼儿可以自主地创造不同的玩法。例如，积木类材料中，每一种积木都有特定的形状，幼儿可以自主地玩游戏，随意摆弄积木，同时幼儿会不经意地获得对物体形状、分类、排序等的认知经验。

（3）非结构化材料：指保育员对投放的材料完全不设教育目标，不设具体玩法，任由幼儿自由操作材料，充分发挥想象力。例如，保育员在户外体育活动中投放长条木板，幼儿可以用它来当独木桥，可以用它来当斜坡，也可以用它来当跷跷板。

（二）活动材料投放的原则

1. 安全性原则

保育员为幼儿提供的任何材料必须是无毒、无害，不存在安全隐患的材料。购买的活动材料要有相关部门的安全检测证明，确保是适合幼儿操作使用的。自制材料所使用的废旧物品要清洗干净，保证材料的安全卫生。例如，盒子、罐子、瓶子等，要把里面的残留物清除干净；废旧轮胎、电器、电脑等使用年限较长的材料要认真查看是否有安全隐患，确保可安全使用后才能投放在活动区域里；带刺的、散发有毒气味的动植物也不宜投放。在角色区，幼儿（特别是小班的幼儿）常常会以物代物，把一些道具食物当作真实食物放在嘴里咀嚼，因此，这种类型的材料务必保证安全无害。

2. 层次性原则

材料的层次性主要体现在要满足不同年龄阶段发展水平的幼儿和同一年龄阶段不同发展

水平的幼儿。不同年龄阶段的幼儿具有不同的认知发展水平，相应的学习与发展目标也不相同。

幼儿园区域活动的材料有很多类型，不同分类标准下，种类不尽相同。小班的幼儿以具体形象思维为主，肌肉的发展不够完善，投放的材料应以颜色鲜艳、便于拿取的物品为宜，优先选择成品和半成品的材料。中班、大班的幼儿开始从具体形象思维向抽象逻辑思维发展，他们喜欢竞争挑战，乐于与同伴合作，宜提供半成品和原始材料以给予幼儿充分的想象和创作空间。处在同一年龄段的幼儿也有不同的发展水平，保育员要关注本班幼儿的发展水平差异，提供满足不同发展水平需要的活动材料供幼儿自主选择。

幼儿的学习不是一蹴而就的，要经历从易到难的渐进式学习过程，因此材料的层次性也体现在材料本身的难易程度上。保育员可以对材料进行抽取和添加，逐渐增加材料的操作难度，引导幼儿向更高的能力水平发展。

3. 探究性原则

幼儿天生好奇，爱玩。材料的探究性是幼儿兴趣的来源，可激发幼儿动手动脑，让幼儿在亲身操作体验中通过手眼等感官刺激大脑的发展。

4. 可变性原则

幼儿的学习是一个不断变化的过程，活动材料也应随着学习的深入而改变。定期更换活动材料能激发幼儿对区域活动产生更多的兴趣。如果保育员注意到幼儿不愿意选择去某个活动区域玩或者不如之前踊跃，就证明幼儿厌倦了该区域提供的材料，需要改变材料的玩法或更换不同的活动材料。

任务实施

物品准备

工作服、扫除用品、集体教学和区域活动时所需教学用具等。

工作内容

（1）熟悉教学活动目标，帮助教师准备教学用具，协助教师摆放和分发教具；配合教师布置区域环境。

（2）组织幼儿如厕、喝水，调节光线及室温。

（3）协助并配合教师完成集体教学活动，引导幼儿自主选择区域，及时关注活动过程中幼儿的安全和卫生情况；配合教师有目的地观察幼儿，做好活动的指导。

（4）开展活动后的清洁与整理工作，协助教师制定合理教学措施。

（5）协助教师做好活动后的交流与分享，提出完善建议。

操作要求

（1）注意玩具的清洁卫生，保证玩具清洁无尘。玩具应每天清洁，每周消毒。

（2）熟悉教师教学活动的目标及活动过程；帮助教师准备教具并配合在活动过程中收发教具。

（2）在配合教学活动中，保育员注意语言提示时声音要适当，以免影响教师教学活动。

（3）创设一个宽松自由的氛围，配合教师引导幼儿自主选择活动区域，及时协调幼儿选择区域活动时的冲突。

（4）如发现问题及时和教师交流、分析并解决。

（5）协助教师指导幼儿将桌椅归位，共同整理区域材料。

（6）做好活动后的卫生清洁。

操作流程

一、集体教学活动中的保育

（一）集体教学活动前的准备

集体教学活动前的准备（图6-1-1）的操作步骤及说明：

（1）积极与教师交流，了解教学内容、教学准备、教学过程等相关事宜，结合实际提出建议，协助教师丰富幼儿参与活动相关的经验。

（2）组织幼儿有序如厕、喝水，及时清点人数。

（3）调节光线。活动室内光线暗，要及时开灯；光线太强，应拉上窗帘；室内外温差不宜过大，尽量保持室内室外温差在8℃左右。

（4）根据活动特点及教师要求，摆放桌椅要考虑到个别听力差、视力差和不爱讲话幼儿的实际情况，把他们的座位摆放在距离教师较近也容易观察到的位置，便于教师有针对性地进行指导。

（5）检查玩具、教具的数量是否充足、安全、完好，必要时可配合教师根据活动需要制作简单的教具。

（a）　　　　　　　　　　（b）

图6-1-1　集体教学活动前的准备
（a）摆放座位；（b）检查教具

（二）集体教学活动中的配合

集体教学活动中的配合（图6-1-2）的操作步骤及说明如下：

（1）教师在进行教学活动的过程中，保育员要随时注意观察教师教学活动的进展情况，根据需要帮助教师出示、操作、演示教学用品和用具，必要时还要承担一定的角色任务，这些都应在准备阶段与教师达成一致，有时保育员还需要事先练习，以保证达到预期的效果。

（2）协助教师为幼儿分发教学用品或教具。

（3）在教学活动过程中，协助教师带领幼儿做示范动作，做好播放音乐、钢琴伴奏等配合工作。

（4）善于观察并辅导幼儿，关注幼儿的学习过程和任务完成情况。例如，提醒个别注意力分散的幼儿注意听教师讲解和演示，发现幼儿有不良的学习习惯时，要走到幼儿身边，轻轻地告诉他，帮助他纠正。

（5）加强活动中的卫生保健，适时适当地提供帮助，尤其要关注需要特殊照顾的幼儿。例如，帮幼儿解决操作中的困难和纠纷，及时跟随个别幼儿如厕，防止操作中发生意外事故等。

（a） （b）

图6-1-2 集体教学活动中的配合
（a）发放教学用品或教具；（b）观察并辅导幼儿

（三）集体教学活动后的整理

集体教学活动后的整理（图6-1-3）的操作步骤及说明如下：

（1）协助教师一起收拾活动场、使用的材料，并检查是否有缺损。中班、大班幼儿可以在指导下共同参与布置环境、桌椅摆放、教具和学具收整等环节，以提高幼儿的动手能力和主人翁意识。

（2）对幼儿在活动中的作品及其他有保留价值的物品进行收集整理。例如，对幼儿的绘画、手工作品等进行归类、整理后标上日期收到档案盒中，以便日后查阅。

（3）将桌椅归位并摆放整齐，根据所需及时擦拭桌椅和地面；也可以指导中班、大班幼儿值日生一起做。

（4）及时与教师交流，做好观察记录，从活动效果、方法、玩具使用、幼儿发展、安全卫生等方面提出建议，协助教师制定合理有效的教学措施。

（5）组织幼儿有序如厕、喝水，及时清点人数。

（a） （b）

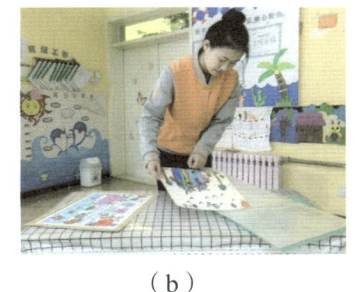

图 6-1-3 集体教学活动后的整理
（a）收拾使用材料；（b）收整幼儿作品

二、区域活动中的保育

（一）区域活动前的准备

区域活动前的准备（图 6-1-4）的操作步骤及说明如下：

（1）配合教师以幼儿为本，将区域空间进行合理布局分割。

（2）熟悉本班活动区的设置，经常检查活动区的材料，及时反馈给教师，以便根据幼儿的需求增加、更换区域活动的材料；区域材料如有破损、缺失，应及时整修、添加。

（3）关注幼儿的发展目标、兴趣、需要，合理选择和投放材料，材料要安全适宜、数量充足，以利于培养幼儿的各种能力。

（4）材料要按类摆放，工具要单独放置；剪刀、铅笔要头朝下放置或平放，切忌头朝上放置，以免发生危险。

（5）美工类的材料，特别是水彩、广告色等，要在活动前调好、摆放整齐，便于幼儿取放，还要有相应的保洁措施（如准备抹布）。

（6）在区域活动时间，保育员应先了解自己所要负责指导的区域，包括该区域中各种游戏材料、玩教具的功能、操作方式等。

（a） （b）

图 6-1-4 区域活动前的准备
（a）摆放材料；（b）准备美工材料

（二）区域活动中的配合

区域活动中的配合（图 6-1-5）的操作步骤及说明如下：

（1）配合教师引导幼儿根据自己的兴趣、经验和需求自主选择活动区域。

（2）创设一个宽松自由的氛围，及时协调幼儿选择区域活动时的冲突。

（3）配合教师有目的地观察幼儿的行为表现、言谈举止和进展情况，发现问题及时和本班教师交流、分析并解决，必要时协助教师做好区域活动记录（表6-1-1）。另外，现代信息技术式观察记录也是常用的一种记录方式，是指利用现代信息技术手段，如摄像机、相机、手机等工具，将幼儿的活动过程以图片、视频、语音等形式记录下来。该方式简单易操作，真实还原行为表现，可以不受时间限制，随时随地重复回看。

表6-1-1　幼儿区域活动情况记录

班级：	姓名：	年龄：	性别：
记录人：		时间：	
活动区域			
情况记录			
评价分析			
介入指导			
反思改进			

（4）尊重幼儿的主体地位，不干涉、不强制幼儿活动，在幼儿遇到特殊困难或需要特殊材料时提供必要辅助。例如，通过提问引导幼儿自己探索，或者教给幼儿必要的方法，或者鼓励幼儿与同伴学习，但不能替代或包办。指导方式力求科学，避免"三多"，即包办多、直接告诉多、暗示多。

（5）在娃娃家或建构区等合作性游戏区域中，要注意观察游戏的进展情况，在幼儿需要帮助时可以以角色的身份参与到游戏中，以推动游戏的进行。

（6）以参与者身份指导幼儿，关注区域材料的使用安全、参与人数，避免出现拥挤、争执等现象。

（7）及时关注个别幼儿，如照料情绪、身体状况差的幼儿，注意幼儿行为安全、提醒幼儿大小便等。

（a）　　　　　　　　　　　　　　（b）

图6-1-5　区域活动中的配合
（a）填写观察记录表；（b）参与区域活动

（三）区域活动后的整理

区域活动后的整理（图6-1-6）的操作步骤及说明如下：

（1）协助教师引导幼儿共同整理区域材料，根据情况做进一步的收拾与整理，清点和检查设备、材料的情况，保证设备、教具和工具、物品能够还原成使用前的样子，以便下次使用。例如，指导幼儿把工具放回原处、把活动场地中的废弃物和垃圾放到垃圾桶里等。

（2）做好活动场地的清洁卫生工作。例如，在手工活动中，幼儿可能会使用糨糊、碎纸、小木棍儿、棉签、废纸盒等材料，保育员在收拾、整理时要把这些废弃材料清理干净，并及时开窗通风。及时用消毒水、清水擦拭幼儿区域活动时用过的玩具、桌子、橱柜，根据需要擦拭地面，做好保洁。活动区玩具材料应每周清洗、消毒一次，图书每周要用紫外线灯或阳光暴晒进行消毒。

（3）从区域的种类和数量、区域环境的布置、区域规则的建立、进区选区、作品的管理等方面提出建议。

图6-1-6　区域活动后的整理

保育小贴士

幼儿在操作材料后进行收拾整理，既能培养幼儿热爱劳动的意识、责任意识、合作精神，又能使幼儿学习到物品分类、比较、排序等认知知识。

任务巩固

知识重现

结合所学知识，填写幼儿室内活动保育任务学习检测表（表6-1-2）。

表 6-1-2　幼儿室内活动保育任务学习检测表

知识与技能点		我的理解（填写关键词）
集体教学活动中的保育	活动前的准备	1
		2
		3
		4
		5
	活动中的配合	1
		2
		3
		4
		5
	活动后的整理	1
		2
		3
		4
		5
区域活动中的保育	活动前的准备	1
		2
	活动中的配合	1
		2
		3
		4
		5
		6
		7
	活动后的整理	1
		2
		3

拓展提升

有创意的何老师

开学后两周，保育部门组织全体班主任进行班级环境创设评比，走到大三班时，大家都被班级充满创意、手工精美、互动性强的环境布置给打动了。大三班的李老师在分享经验时说道："特别感谢我们班的保育员何老师，她很有创意和想法，手又巧，在班级环境创设中出力最多。"

请问一名合格的保育员应具备哪些基本素养？保育员怎样在平凡的工作中创造最大的价值？

学习评价

请同学们根据自己的学习情况完成任务学习考评评分表（表6-1-3）。

表6-1-3 考评评分表

考评项目	配分	考评内容	自评（40%）	师评（60%）
集体教学活动前的准备	12	能够按照工作要求，完成集体教学活动前的准备		
集体教学活动中的配合	15	能够按照工作要求，完成集体教学活动中的配合		
集体教学活动后的整理	13	能够按照工作要求，完成集体教学活动后的整理		
区域活动前的准备	12	能够按照工作要求，完成区域活动前的准备		
区域活动中的配合	15	能够按照工作要求，完成区域活动中的配合		
区域活动后的整理	13	能够按照工作要求，完成区域活动后的整理		
职业素养	10	物品准备齐全		
	10	规范操作		
得分				

任务二 幼儿户外活动保育

任务导入

据报道，某日，一所幼儿园中一名3岁男童滑滑梯时突然晕倒，送到医院后抢救无效死亡。而元凶就是他身穿的一件带后帽兜的秋衣。在向下滑滑梯时，衣服"风帽"上的绳结夹在滑梯缝隙处，绳子越拉越紧，勒住了脖子，导致食管反流，食道内的东西反流到气管里，导致男童被呛死。

思考：幼儿园在选择大型体育器材和在组织幼儿户外活动时，应该注意哪些问题？日常需要对幼儿进行哪些方面的教育？

任务准备

一、户外活动的重要性

户外活动是幼儿在园一日活动中非常重要的环节，是促进幼儿身心健康发育的有效途径之一，也是幼儿在健康领域重点发展的内容之一。幼儿阶段是幼儿身体机能迅速发育的时期，也是幼儿形成安全感、乐观态度的重要阶段。丰富有趣的户外活动可以让幼儿尽情嬉戏、奔跑，享受阳光和清新的空气；可以通过锻炼身体增强幼儿的体质，还可以培养幼儿勇敢坚强、团结合作等多种意志品质。户外活动中的保育工作是非常重要的。保育员应加强安全意识，根据幼儿的特点，有针对性地组织幼儿进行丰富多样的户外活动，多观察、了解幼儿在活动中的状况，提高自身在幼儿户外活动中的随机指导能力、照护能力，从而更好地促进幼儿身心和谐发展。

二、户外活动场地及器械的安全检查

在组织幼儿进行户外活动前，保育员应根据活动的内容选择适宜的活动器材，布置较为安全的活动场地，其中最关键的环节就是检查场地和器械的安全性，并进行安全方面的评估。具体包括做好活动前的器械准备工作，检查户外场地有无碎石、树枝等危险物品；检查游戏器材和玩具材料是否安全、卫生；检查户外大型玩具是否潮湿、松动，是否有裂口、翘刺、翘钉等不安全因素；在确认所有玩具、运动器械安全后，协助教师组织幼儿进行户外活动。

三、户外活动自我保护的方法

进行户外活动时，保育员要告诉幼儿哪些动作、哪些做法危险，从而有效制止其不安全

行为的发生，同时教会幼儿自我保护的方法。例如，告诉幼儿在奔跑时要注意观察周围情况，避免与其他同伴相互碰撞而跌倒；告诉幼儿抛接物品时，避免让抛接物落在自己或同伴的身上；告诉幼儿练习跳绳时应保持合适的距离；教育幼儿在活动中不远离保育员，不随意推搡同伴，如果身体出现不适或损伤，要及时告诉保育员；等等。保育员通过这些方法，使幼儿在活动中学会自我保护，引导幼儿学会自我保护、灵活应变。

四、户外活动时关注幼儿个体差异

在组织户外活动时，保育员要注意幼儿的个体差异，根据幼儿的运动能力、体质的不同调整活动内容，不能强求一致。在此基础上，保育员应引导幼儿积极进行户外活动，使幼儿能在自己的身体承受范围之内和原有水平上得到发展。

1. 对体弱幼儿的指导与照护

体弱幼儿的抵抗力较差，极易感染病毒，尤其在户外活动前后，穿脱衣服稍有不慎就会出现不适，这就要求保育员除了提示幼儿在活动前后穿脱衣服，还应鼓励幼儿根据自己的身体状况主动增减衣服，休息时主动喝温开水以补充体内水分。活动结束后，保育员应及时督促幼儿穿好自己的衣服保暖，提醒幼儿用肥皂和流动的水洗手，用干毛巾擦汗。对于身体不适或患病的幼儿，保育员要多关注其身体变化，及时发现他们的不适状况并加强护理。保育员还要多关注胃肠不适的幼儿的活动状况，适当减少他们的活动时间或活动强度，并采取保暖等措施以缓解幼儿的不适。

2. 对肥胖幼儿的指导与照护

肥胖幼儿的运动强度应遵循安全、循序渐进、提高运动兴趣、尊重个性意愿的原则。保育员应根据幼儿的肥胖程度、健康状况、心肺功能状态等个别因素区别对待。在开展活动时，保育员要注意不让幼儿因肥胖而产生心理压力，要维护肥胖幼儿的自尊心。

保育员要通过巧妙的户外活动鼓励肥胖幼儿多做一些运动。例如，在玩老鹰抓小鸡的游戏时，让肥胖幼儿当老鹰，适当增加他们跑跳的次数和强度，使其在快乐的游戏中增加运动量，达到有氧运动的目的。

保育员在对肥胖幼儿进行户外活动指导时，切忌在增加活动量时，要求幼儿从不爱活动或很少活动的状态，立即转变到大强度的体能消耗的状态，这样不仅违背了运动的基本规律，而且容易引发安全事故。

3. 对不爱运动的幼儿的指导与照护

对于个别不喜欢参加户外活动的幼儿，保育员可以根据幼儿的兴趣和水平，适当降低活动难度、活动量，及时鼓励幼儿在活动中进步，循序渐进地为其增加活动量和活动强度、时间，使他们感受到积极参加户外活动的乐趣并获得满足感，从而喜欢上户外活动。

任务实施

物品准备

工作服、扫除用品、户外活动时所需教学用具等。

工作内容

（1）协助教师进行户外活动前的准备和生活照顾。

（2）准备户外活动材料，做好户外场地的安全检查工作。

（3）参与幼儿户外活动，做好户外活动中各项保育工作。

操作要求

（1）在进行户外活动前照顾幼儿如厕。对于小班幼儿，进行指导并给予适当的帮助；对于中班、大班幼儿，指导其自行整理衣物，做到一层衣服、一层裤子，盖好小肚皮。

（2）帮助幼儿根据季节及天气情况增减衣物，检查服装、鞋子、帽子是否安全。

（3）关闭室内水、电，并开窗通风。

（4）做好为幼儿活动后饮水的准备工作。

（5）做好幼儿户外活动前的场地安全检查工作，确保活动场地、玩具、运动器械安全。

（6）参与幼儿活动，关注有特殊需要的幼儿，进行个别指导、细心观察、照顾体弱幼儿。

（7）户外活动中负责带领幼儿如厕，指导和帮助幼儿擦汗、擦鼻涕，带领幼儿饮水等。

操作流程

一、户外活动前的准备

户外活动前的准备（图6-2-1）的操作步骤及说明如下：

（1）协助教师在卫生间组织幼儿有秩序地如厕，为户外活动做准备。

（2）了解室外实际的温度，再结合幼儿活动的内容为幼儿准备室外活动的服装，帮助幼儿根据天气情况增减衣物。提醒幼儿系好衣服扣子，查看幼儿有无露肚皮、湿袖子、尿裤子等现象；冬季要指导和帮助幼儿将秋衣塞进秋裤内，穿好棉衣、棉背心；检查幼儿着装是否符合要求，注意幼儿衣服上不要有过长的带子、胸针等饰物，口袋里不要装硬物，检查幼儿着装，裤腿不能过长，鞋的大小适中，鞋带要系好且鞋带不能过长，不能反着穿鞋等。保育员的着装也应符合要求，以便和幼儿共同游戏、活动。

（3）检查水龙头、厕所冲水开关等，关闭室内的灯、空调等。

（4）打开活动室的窗户，进行开窗通风，保持室内空气新鲜。

（5）提前到达活动场地，检查场地内是否有树枝、碎石子、碎玻璃、小钉子等危险物品。冬季，保育员要尽量带领幼儿在阳光下、背风处活动，帮助幼儿整理衣服时要把秋衣塞进秋裤内；夏季，保育员要尽量带领幼儿在阴凉处活动，避免幼儿大汗淋漓。

（6）根据需要准备活动器械，保证活动器械数量充足，并检查器械是否安全、卫生。

（7）协助教师整队，组织幼儿有序地参与户外活动。

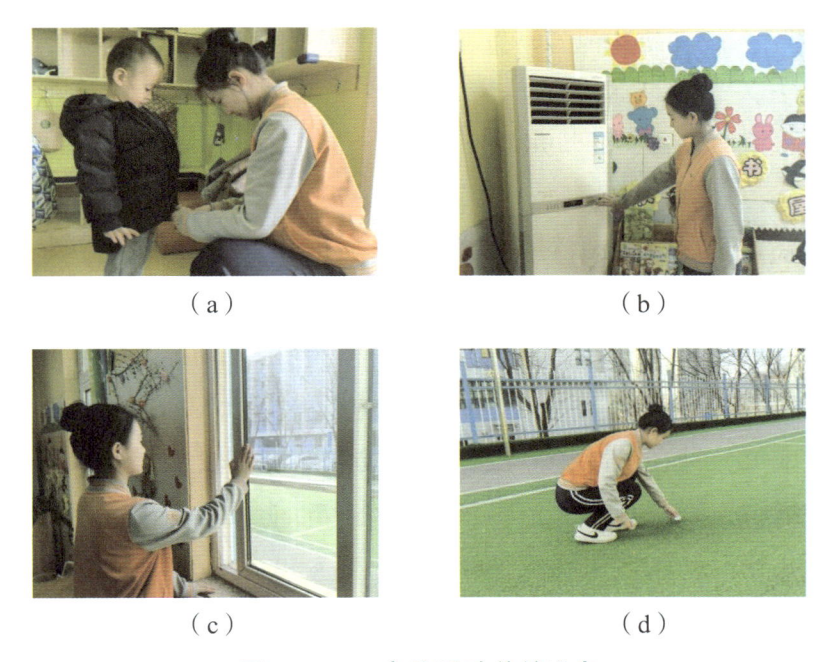

图 6-2-1　户外活动前的准备

（a）帮幼儿整理衣物；（b）检查电器；（c）开窗通风；（d）检查场地

二、户外活动中的配合

户外活动中的配合（图 6-2-2）的操作步骤及说明如下：

（1）协助教师摆放好活动材料，可以指导中班、大班的值日生摆放活动玩具。

（2）保育员要与教师分工，分区域地观察幼儿活动情况，确保幼儿安全。一般情况下，保育员不单独组织幼儿进行户外活动，但在分组活动中可以承担一部分指导工作。例如，指导幼儿跳绳、拍皮球，与个别幼儿互动游戏等，在体能测试前还可以承担幼儿体能测试项目的学习和巩固工作。总之，这都需要保育员对班级幼儿现阶段需重点学习的运动技能做到熟知于心。除此之外，还要清楚当日户外分组活动的重点内容，以便在分组活动中能更有目的、有针对性地协助教师指导幼儿活动。

如果户外活动中确实需要保育员带领幼儿开展小组体育游戏，保育员首先要熟悉户外活动的内容和规则，在活动前要给幼儿讲明活动的玩法及要求，带领幼儿做好准备活动，避免活动中出现意外。带小组进行户外活动时，要保证本小组幼儿在自己的视线范围内，并经常清点小组人数。

> **保育小贴士**
>
> 幼儿进行户外活动时教师和保育员的站位如下：
>
> 幼儿进行户外活动时范围增大，安全问题尤为重要，教师和保育员需要合理站位以确保幼儿在活动中的安全。所有幼儿的活动范围应在班级三位保教员的视线内，三人的视线形成三角形的保护网。三人还要根据幼儿活动地点的变化随时调整站位。教师和保育员采用固定式、回避式和走动式的站位保护好幼儿的安全。

（3）户外自由活动时协助教师对幼儿进行个别指导，鼓励并指导幼儿自主选择户外玩具，有序取送玩具。幼儿玩大型玩具时，要在旁边给予保护，确保幼儿安全。

（4）活动过程中注意观察幼儿活动过程中的精神状态、情绪、面色、呼吸、出汗情况等，由此来判断活动量属于"适度疲劳"，还是"非常疲劳"（可参考表6-2-1）。一般情况下，幼儿的平均心率每分钟在130~160次，表明其活动量比较适合。

（5）随身带着纸巾，以便在幼儿流鼻涕、上厕所时能及时拿出。发现幼儿大量出汗时可停止活动，带领幼儿到活动场地边缘擦拭汗液。

（6）照看好个别幼儿，关注身体不舒服的幼儿，如肥胖和体弱幼儿，注意其情绪及活动量的变化；出现流鼻涕、咳嗽等情况，要适当减少幼儿的活动量。

（7）参与到幼儿的活动中，增强幼儿参与活动的积极性。

表6-2-1　幼儿活动量适宜程度观察表

观察内容	程度表现	适度疲劳	中度疲劳	非常疲劳
活动中	面色	稍红	相当红	十分红或苍白
	汗量	不多	较多	大量出汗
	呼吸	中速、稍快	显著加快、加深	呼吸急促、表浅、节奏紊乱
	动作	动作协调、准确、步态轻稳	协调性、准确性和速度均降低	动作失调、步态不稳、用力颤抖
	注意力和反应力	注意力集中，反应正常	能集中注意力，但不够稳定，反应力减弱	注意力分散，反应迟钝
	精神状态	情绪愉快	略有倦意	精神疲乏
活动后	食欲	饮食良好，食欲增加	食欲一般，有时略有减退	食欲减退，进食量减少，甚至有恶心、呕吐现象
	睡眠	入睡较快，睡眠良好	入睡较慢，睡眠一般	很难入睡，睡眠不安
	精神状态	精神爽快，情绪好，状态稳定	精神略有不振，情绪一般	精神恍惚，心悸，产生厌倦情绪

（a） （b） （c）

图 6-2-2 户外活动中的配合

（a）协助教师组织户外活动；（b）幼儿活动中的保护；（c）给幼儿擦汗

保育小贴士

通过"一察、二摸、三问"了解幼儿户外活动时的身体状态。

"一察"是指随时观察幼儿在活动中的脸色、出汗情况及动作。若幼儿脸色红润、大汗淋漓，说明幼儿的运动量大，需要适时调整；反之脸色无变化，应加大运动量，从而达到锻炼身体的目的。

"二摸"是指经常摸摸幼儿的额头、脖子或者后背，查看幼儿身体热度以及出汗程度，及时给幼儿擦汗，脱减衣服。

"三问"是指经常询问幼儿的运动情况，了解幼儿的心理状态。

三、户外活动后的整理

户外活动后的整理（图6-2-3）的操作步骤及说明如下：

（1）注意情绪的稳定。活动结束后，保育员要带领幼儿做整理活动，如散步、做放松操等。等幼儿情绪平稳后，再让其坐下来休息，这样可减少其活动后的心脏负担，有益于精神的放松和体力的恢复。

（2）检查运动后的着装。在运动后要引导幼儿正确使用毛巾擦干额头、身上的汗，对于出汗较多的幼儿，保育员要及时为其换下湿衣服。当幼儿情绪平稳不再出汗时，要提醒幼儿及时穿上衣服以免着凉。

（3）协助教师组织幼儿有序排队，清点人数。

（4）协助教师指导幼儿共同把体育器械力所能及地放到器械存放区，并按物品摆放的标识有序摆放，整理场地。

（5）组织幼儿盥洗，提醒幼儿用干毛巾擦干汗水。

（6）关注户外活动后的饮水。户外活动后要及时鼓励幼儿饮水，以补充在活动中失去的水分，但不能一次性喝太多水，因为一次性喝下大量的水，不但会增加心脏的负荷，还会引起胃痉挛，所以保育员和教师要注意幼儿活动后的身体状况，控制幼儿的饮水量。

（a）  （b）

图 6-2-3 户外活动后的整理
（a）带领幼儿散步；（b）整理活动用品

保育小贴士

在不同季节，户外活动的注意要点如下：

（1）夏季避暑。夏天首选时间段为上午 8 点之前或者下午 4 点之后；户外活动项目以走或者平衡训练为主，或玩水、玩沙、游泳等。

（2）冬季避寒。冬季首选时间段为午后，结合幼儿身体素质，可以选择跑步、跳跃、踢足球、跳绳等趣味性强的活动，应遵循循序渐进原则，量力而行，活动时间不宜过长。

（3）春、秋季适宜。春、秋季是户外活动最为适宜的季节，郊游、投掷等都是很不错的户外活动项目。春、秋季是郊游的好时节，带幼儿郊游，还可以做一些投掷等活动。

任务巩固

知识重现

结合所学知识，填写幼儿户外活动保育任务学习检测表（表 6-2-2）。

表 6-2-2 幼儿户外活动保育任务学习检测表

知识与技能点	我的理解（填写关键词）
户外活动前的准备	1
	2
	3
	4
	5
	6
	7
	8

续表

知识与技能点	我的理解（填写关键词）
户外活动中的配合	1
	2
	3
	4
	5
	6
	7
户外活动后的整理	1
	2
	3
	4
	5
	6

拓展提升

观察记录《户外活动中的"意外"》

进行户外活动的时候，我们将班级幼儿分成三组，分别玩小轮车、滑梯和沙包。我负责看护滑滑梯的孩子，只需要站在滑梯边看小朋友们滑下来的姿势是否正确，有的孩子侧身往下滑，有的孩子趴着往下滑，有的孩子不管前面有没有人就急匆匆地往下滑，所以我只注意这边滑梯的情况，而没有顾及另一边的小滑梯。我观察到大部分孩子都玩儿得很好，所以没太注意。但今天朵朵没有从小滑梯上往下滑，而是从滑梯下面往上走，这个情况被本班教师看到并及时制止了，她跟朵朵说这样做很危险，结果她就哭了，而且哭个不停。

请思考在组织户外活动时，保育员的工作职责是什么。

学习评价

请同学们根据自己的学习情况完成任务学习考评评分表（表6-2-3）。

表 6-2-3　考评评分表

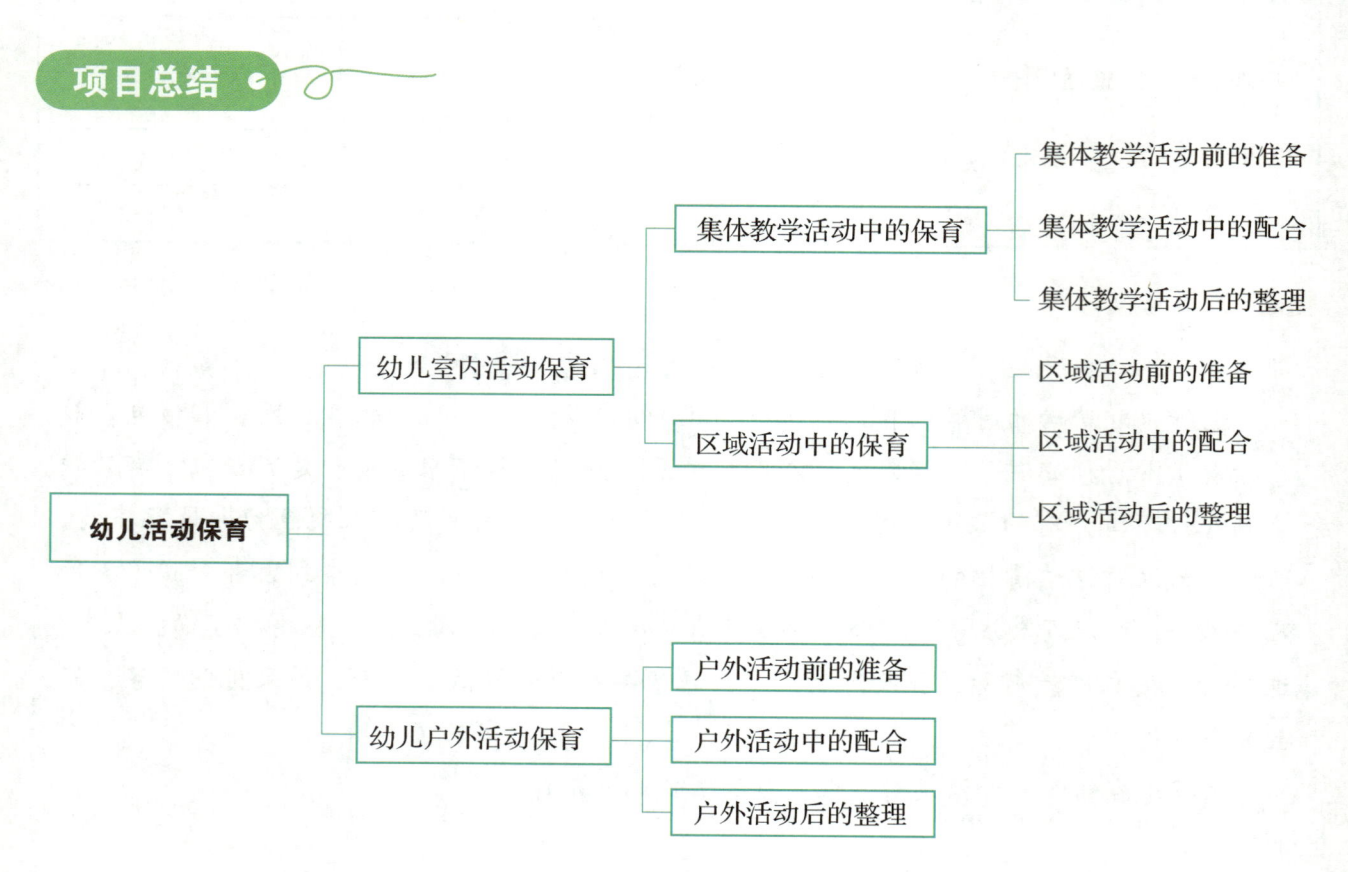

考评项目	配分	考评内容	自评（40%）	师评（60%）
户外活动前的准备	30	能按照工作要求，进行户外活动前的准备		
户外活动中的配合	30	能按照工作要求，在户外活动中进行配合		
户外活动后的整理	20	能按照工作要求，在户外活动后进行整理		
职业素养	10	物品准备齐全		
	10	规范操作		
得分				

项目总结

幼儿活动保育
- 幼儿室内活动保育
  - 集体教学活动中的保育
    - 集体教学活动前的准备
    - 集体教学活动中的配合
    - 集体教学活动后的整理
  - 区域活动中的保育
    - 区域活动前的准备
    - 区域活动中的配合
    - 区域活动后的整理
- 幼儿户外活动保育
  - 户外活动前的准备
  - 户外活动中的配合
  - 户外活动后的整理

项目七 幼儿离园保育

幼儿离园环节是一日保育工作和幼儿在园生活的最后一个环节,能否让幼儿顺利离园不仅关系到幼儿的情绪好坏,而且直接影响第二天来园准备工作能否顺利进行。

学习目标

知识目标

1. 了解幼儿用品卫生与消毒的工作内容;
2. 知道班级环境和卫生用品的清洁与消毒内容;
3. 掌握离园前的其他整理及消毒工作内容。

能力目标

1. 能够按照工作要求做好幼儿用品的卫生与消毒工作;
2. 能够按照工作要求做好班级环境和卫生用品的清洁与消毒工作;
3. 能够按照工作要求做好离园前的其他整理与消毒工作。

情感态度价值观

1. 培养认真对待工作的态度,增强责任意识,养成做事一丝不苟的好习惯;
2. 培养角色意识,认识到保育工作的重要性。

任务　幼儿离园保育

任务导入

一天的工作结束了，保育员周老师按照工作要求检查了户外玩具情况，她发现有几样玩具没有收好，于是把玩具重新摆好，收放整齐。随后她又检查了班级的门、窗、水、电等，确认全部关闭后，周老师才离开。她又将班级内的全部垃圾扔到了垃圾桶里，这才放心地回了家。

思考：幼儿离园后的整理和消毒工作都包括哪些环节？在工作中有哪些注意事项？

任务准备

幼儿离园后的清洁卫生工作是保证第二天正常教育教学工作开展的重要环节。由于幼儿在园期间不能彻底进行卫生清洁和消毒工作，再加上早晨的时间非常紧张，有的幼儿来园较早，保育员往往不能兼顾照看来园幼儿及卫生和消毒工作，所以幼儿离园后的卫生清洁和消毒工作尤为重要。

一、幼儿离园活动的保育要点

（一）离园前的准备

保育员应该重点关注以下几方面：

（1）玩具整理，提醒幼儿将手中玩具放回原处。

（2）仪表整理，提醒并帮助幼儿整理自己的衣物。

（3）与幼儿进行简短的谈话交流，稳定幼儿的情绪，总结分享当天活动中的快乐感受。

（二）离园过程

保育员应该重点关注以下几方面：

（1）主动招呼家长，与每位幼儿道别，提醒他们带好自己的物品。

（2）与个别需要沟通的家长有礼貌但简短地交流，或者与他们约定交流的时间，避免疏忽对其他幼儿的监护。与家长的交流时，尽可能表扬幼儿。

（三）离园后的整理

保育员应该重点关注以下几方面：

（1）在幼儿全部离园后，检查活动室是否已经整理完毕，必要时准备好第二天要用的材料。

（2）在幼儿离园后，将幼儿在园一日生活用品进行清洗与消毒，为第二天使用做好准备。

（3）做好餐后卫生与清洁工作。

▶ 任务实施

物品准备

幼儿个人用品、百洁布、去污粉、洗涤灵、胶皮手套、垃圾袋、紫外线灯等。

工作内容

（1）幼儿个人用品的消毒。

（2）班级环境清洁，特别是盥洗室与卫生间的清洁。

（3）离园前的其他整理及消毒工作。

操作要求

（1）在幼儿离园后，将幼儿一日生活用品进行清洗与消毒，为第二天使用做好准备。

（2）做好餐后卫生与清洁工作。

（3）做好盥洗室全面的卫生与清洁工作，包括水池、台面、地面、镜子及物品摆放等。

（4）做好厕所的全面卫生与清洁工作，包括地面、便池、拖布池及物品摆放等。

（5）将所有擦拭不同屋子的拖布分开清洗干净，拿到室外指定班级的挂钩处悬挂，通风晾干，阳光暴晒。

（6）将班级内所有垃圾集中，每天下班前倾倒处理，杜绝垃圾在室内过夜。将空的垃圾桶套上干净的垃圾袋，垃圾桶每周要定期用专用刷子彻底刷洗干净。

（7）幼儿园根据实际情况，每天轮流对各班级进行消毒工作，严格按照说明书使用紫外线灯，并做好记录。使用紫外线灯消毒时，要确认室内无人、关闭门窗，直接照射需要消毒的位置。

（8）检查班级的门、窗、水、电等，关好窗户、水龙头，所有电器切断电源，方可锁门离开。

操作流程

一、洗水杯

洗水杯（图7-1-1）的操作步骤及说明如下：

（1）幼儿最后一次饮水后，将全班幼儿使用过的水杯集中放在刷水杯的盆中。

（2）保育员取出刷洗水杯专用的百洁布、洗涤灵。

洗水杯操作视频

（3）将百洁布冲湿，并滴上适量的洗涤灵。

（4）拿起一个水杯，用百洁布将水杯里外刷干净，放在一边，直到所有的水杯都用洗涤灵彻底刷洗干净。

（5）打开水龙头，在水龙头下面用流动的水将水杯一一冲洗干净。

（6）将水杯里的水控干，放入水杯柜中。

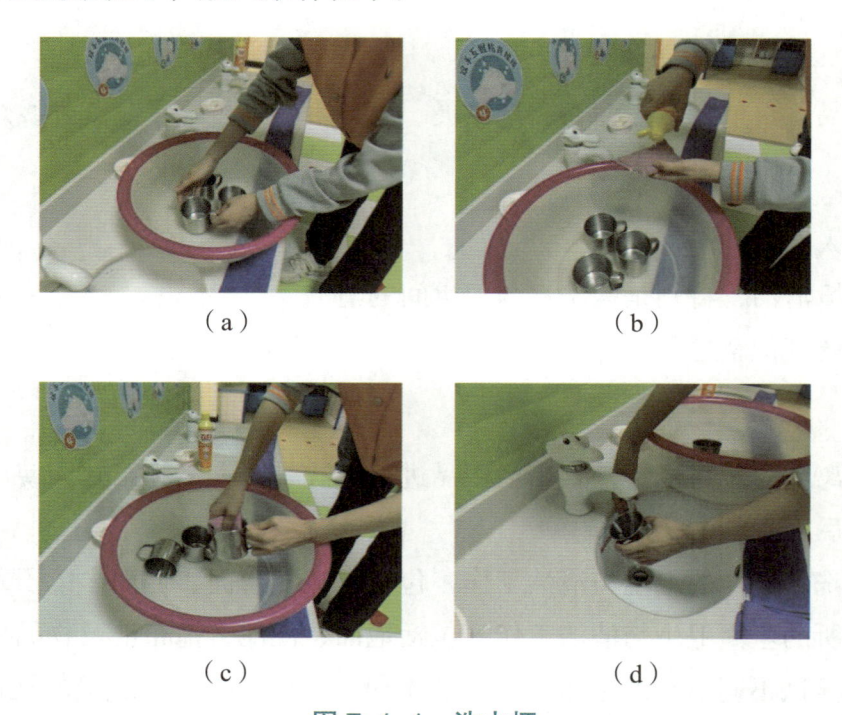

（a）　　　　　　　　　　　（b）

（c）　　　　　　　　　　　（d）

图 7-1-1　洗水杯
（a）将水杯放进水盆中；（b）百洁布滴上洗涤灵；
（c）用百洁布将水杯里外刷干净；（d）用流动的水冲洗干净

二、洗毛巾

洗毛巾（图 7-1-2）的操作步骤及说明如下：

（1）从消毒柜中取出毛巾盆，倒入开水。

（2）将全班幼儿当天使用过的毛巾全部收集起来。

（3）把毛巾放在毛巾盆里，用开水浸泡 10 分钟左右。

（4）10 分钟后，将毛巾逐一铺在搓衣板上。

（5）拿起肥皂，在毛巾上均匀地涂抹。

（6）双手在搓衣板上将每块毛巾充分揉搓，直至全部搓洗完毕。

（7）用流动的水将毛巾充分冲洗干净，拧干后用 1∶200 的消毒溶液浸泡、消毒 20 分钟。

（8）20 分钟后，戴上胶皮手套，在水龙头下用清水逐一将毛巾冲洗干净，不能留下残余消毒液，然后将洗干净的毛巾拧干，挂在衣架上。

（9）将毛巾盆冲洗干净，放入消毒柜中。摘下胶皮手套，挂在墙上对应标签的挂钩上。

（10）将头一天清洗、消毒干净的毛巾叠好，放在指定的小筐或盒子里，为幼儿第二天使用做好准备。

（11）第二天，将衣架上的毛巾置于阳光下暴晒。暴晒时，悬挂的毛巾不得相互重叠，时间不得少于6小时。

（a） （b） （c）

图 7-1-2 洗毛巾
（a）用开水浸泡10分钟；（b）用肥皂搓洗毛巾；（c）用流动的水冲洗干净

三、清洁盥洗室

清洁盥洗室（图7-1-3）的操作步骤及说明如下：

（1）从墙上对应标签的挂钩处取下日常清洁用胶皮手套并戴好。

（2）从墙上对应标签的挂钩处取下日常清洁用抹布。

（3）将水池中的污物、残渣捡拾干净，扔进垃圾桶。

（4）用清洁水池的专用清洁布蘸一些去污粉或洗衣粉等洗涤剂，擦拭水池、水龙头，将水池中的油渍、水渍、污物彻底清除。

（5）用清水将水池冲洗干净。

（6）用清洁布将水池台面擦拭干净。

（7）将镜子擦拭干净。

（8）下班前洗刷每个肥皂盒。

（9）洗刷肥皂盒后，将水控干，肥皂盒内不可存有污水。

（10）肥皂盒摆放整齐，不干净的肥皂要冲洗干净，需要更换肥皂的及时更换。

（11）将清洁水池的专用清洁剂收回消毒柜中。

（12）将清洁布清洗干净，挂在墙上对应标签的挂钩上。摘下胶皮手套，挂在对应标签的挂钩上。

（13）用消毒溶液浸泡的盥洗室专用拖布拖地面，做到地面无污渍、无积水，下水管处无污物。

（14）将拖布充分涮洗干净，把水分控干，挂在对应标签的挂钩上。

（a）　　　　　　　　　（b）　　　　　　　　　（c）

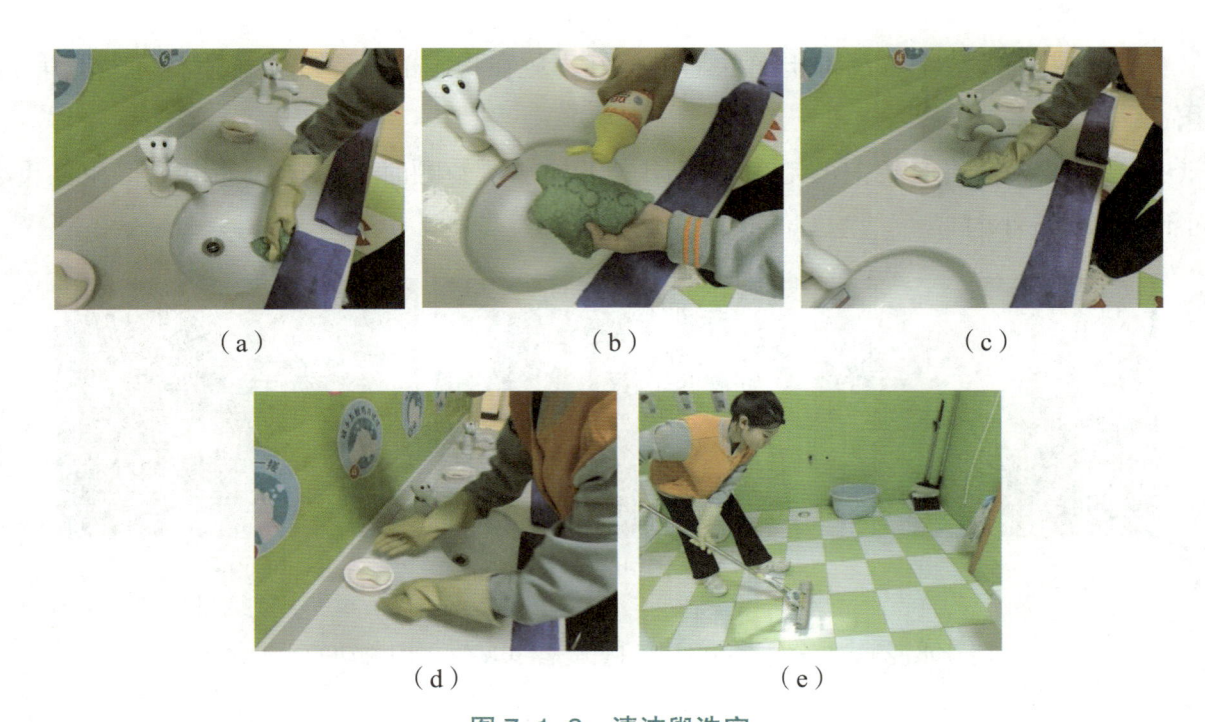

（d）　　　　　　　　　（e）

图 7-1-3　清洁盥洗室
（a）捡拾污物；（b）倒洗涤灵；（c）擦拭台面；（d）洗刷肥皂盒；（e）拖地面

四、清洁厕所

清洁厕所（图 7-1-4）的操作步骤及说明如下：

（1）从消毒柜中取出洁厕灵，拿到厕所。

（2）从墙上对应标签的挂钩上摘下清洁厕所专用胶皮手套并戴好。

（3）将适量的洁厕灵倒入每个便池中，用洁厕灵浸泡 20 分钟。

（4）20 分钟后，用刷洗厕所的专用刷子彻底刷洗每个便池，特别是池底、两侧、拐角和下水道口等处，然后用清水冲干净。坐便器要用专用抹布浸泡消毒溶液后进行擦拭。

（5）地面用消毒溶液浸泡的厕所专用拖布拖干净，做到地面无污渍、无积水，下水管处无污物。

（6）将厕所专用拖布涮干净，控干水分，挂在对应标签的挂钩上。

（7）用专用的抹布擦拭拖布池里外，将其清洁干净。将抹布洗干净，晾好。

（8）摘下专用胶皮手套，挂在对应标签的挂钩上。

（9）及时补充卫生纸，将卫生纸放在幼儿便于拿取的地方。

（10）洁厕灵用完后，收回消毒柜中。

（a） （b） （c）

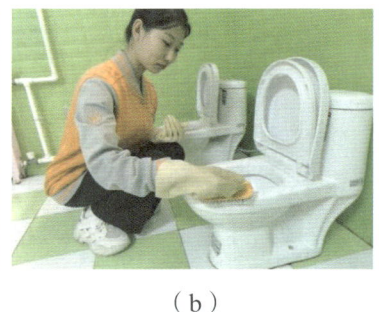

图 7-1-4　清洁厕所
（a）倒入洁厕灵；（b）清洁便池；（c）拖地面

五、清洁拖布

清洁拖布（图 7-1-5）的操作步骤及说明如下：

（1）将拖布在拖布池内冲洗干净，控干水分。

（2）将拖布放在装有按 1∶100 配比好的 84 消毒溶液桶中浸泡 30 分钟。

（3）30 分钟后，用清水将拖布冲洗干净，控干水分，挂在对应标签的挂钩上。

（4）将桶中的消毒溶液倒掉，把桶刷洗干净，放在指定位置。第二天，将拖布拿到室外班级指定的挂钩处悬挂，在阳光下暴晒。

（a） （b） （c）

图 7-1-5　清洁拖布
（a）冲洗拖布；（b）挂在挂钩上；（c）清洗拖布桶

六、清理班级教师物品

清理班级教师物品（图 7-1-6）的操作步骤及说明如下：

（1）查看教室各个角落，如桌子下、钢琴上等，将幼儿没有收好的图书或玩具等放回指定的位置。

（2）收拾教师物品及围裙，将围裙整齐地叠好。围裙要保持干净（围裙每周重点清洗一次，平时要随脏随洗）。

（3）将收拾好的所有物品、教具、围裙等放到教师物品柜中指定的位置。

图 7-1-6　清理班级教师物品
（a）整理图书；（b）整理围裙；（c）摆放整齐

七、清理班级垃圾

清理班级垃圾（图 7-1-7）的操作步骤及说明如下：

（1）从柜子里拿出干净的垃圾袋。

（2）将班级中所有垃圾桶内的垃圾集中处理，教室内不得存放垃圾过夜。

（3）垃圾清理后，将每个垃圾桶都套上新的垃圾袋。

（4）将要扔掉的垃圾袋口系上，暂时放在班级门口，下班时带出去，分类投放到幼儿园指定的垃圾桶里。

图 7-1-7　清理班级垃圾
（a）拿出垃圾袋；（b）处理垃圾桶中的垃圾；（c）套上新的垃圾袋

八、检查班级门窗、水电

检查班级门窗、水电（图 7-1-8）的操作步骤及说明如下：

（1）查看班级所有房间的窗户、电器，将窗户、空调、净化器、灯等全部关上。

（2）班级中教学用的一体机、净化器、CD 机等全部切断电源。

（3）到盥洗室、厕所处查看水管，将没有关严的水龙头及时关紧。

（a） （b） （c）

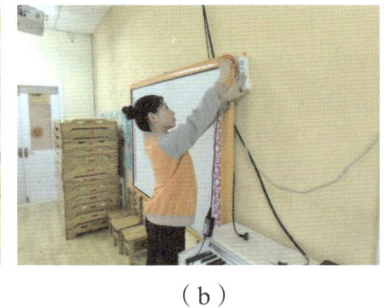

图 7-1-8　检查班级门窗、水电
（a）关闭灯的开关；（b）切断电源；（c）关严水龙头

九、紫外线消毒

紫外线消毒工作（图 7-1-9）的操作步骤及说明如下：

（1）打开紫外线灯，对准要消毒的地方进行照射。

（2）每次持续照射 60 分钟，然后按下开关按钮后，调节到指定时间，立即离开。

（a） （b）

图 7-1-9　紫外线消毒工作
（a）打开紫外线灯；（b）调节到指定时间

任务巩固

知识重现

结合所学知识，填写幼儿离园保育任务学习检测表（表 7-1-1）。

表 7-1-1　幼儿离园保育任务学习检测表

知识与技能点	我的理解（填写关键词）
洗水杯	1
	2
	3
洗毛巾	1
	2
	3

续表

知识与技能点	我的理解（填写关键词）
清洁盥洗室	1
	2
	3
清洁厕所	1
	2
	3
清洁拖布	1
	2
	3
清理班级教师用品	1
	2
	3
清理班级垃圾	1
	2
	3
检查班级门窗、水电	1
	2
	3
紫外线消毒	1
	2
	3

拓展提升

幼儿个人用品的清洁

幼儿们离园后，保育员白老师开始了离园后的清洁工作。她把小朋友们的水杯一起放进了水池中，然后将水池接满水，白老师一一拿出水杯在流动的自来水下冲洗了1分钟左右就拿出来放在操作台上，然后把所有小朋友的毛巾拿到水池中继续清洗。每块毛巾揉搓1分钟左右，白老师将毛巾拧干，挂在了晾衣架上。

请问案例中的白老师对幼儿用品的清洁消毒工作流程正确吗？如果不正确，正确的做法是什么呢？

学习评价

请同学们根据自己的学习情况完成任务学习考评评分表（表7-1-2）。

表 7-1-2　考评评分表

考评项目	配分	考评内容	自我评价（40%）	教师评价（60%）
洗水杯	8	能按照工作要求，对幼儿的水杯进行清洗		
洗毛巾	8	能按照工作要求，对幼儿的毛巾进行清洁		
清洁盥洗室	8	能按照工作要求，对盥洗室进行清洁		
清洁厕所	8	能按照工作要求，对厕所进行清洁		
清洁拖布	8	能按照工作要求，对拖布进行清洁		
清理班级教师用品	8	能按照工作要求，对班级教师用品进行清理		
清理班级垃圾	8	能按照工作要求，清理每日垃圾		
检查班级门窗、水电	12	能按照工作要求，检查班级门窗、水电		
紫外线消毒	12	能按照工作要求，进行紫外线消毒		
职业素养	10	物品准备齐全		
	10	规范操作		
得分				

项目总结

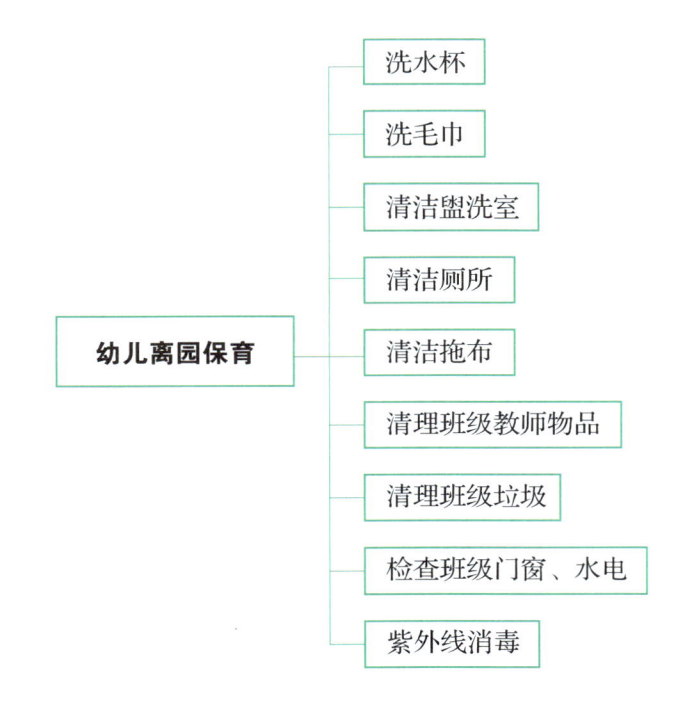

幼儿离园保育
- 洗水杯
- 洗毛巾
- 清洁盥洗室
- 清洁厕所
- 清洁拖布
- 清理班级教师物品
- 清理班级垃圾
- 检查班级门窗、水电
- 紫外线消毒

幼儿保育工作手册
YOUER BAOYU GONGZUO SHOUCE

模块二

托幼园所物质环境卫生

项目八

房舍与场地的清洁工作

　　《幼儿园工作规程》明确指出，幼儿园的任务是：贯彻国家的教育方针，按照保育与教育相结合的原则，遵循幼儿身心发展特点和规律，实施德、智、体、美等方面全面发展的教育，促进幼儿身心和谐发展。幼儿园的卫生工作是幼儿园各项工作的一个重要组成部分，让每个幼儿健康成长是幼儿园的首要责任。幼儿的身体正处于不断生长发育的阶段，各器官的生理功能尚不完善，机体的免疫功能低下，幼儿在集居的环境里彼此密切接触，极易引起疾病的传播和流行。因此，幼儿园应做好卫生清洁工作，实行保育与教育相结合的原则，坚持保教并重，才能保证幼儿健康发育，促进幼儿健康成长。

学习目标

知识目标

1. 知道并掌握幼儿园灯具清洁的工作内容和操作步骤；
2. 知道并掌握幼儿园门、窗、墙壁和班级死角的清洁方法和操作流程。

能力目标

1. 能够按照幼儿园灯具清洁的操作步骤，独立完成清洁工作，为幼儿营造干净整洁的活动环境；
2. 能够按照门、窗、墙壁和班级死角的清洁方法完成清洁工作。

情感态度价值观

1. 在清洁消毒的过程中，树立自我保护和保护幼儿的安全意识，提高责任意识，体会保育工作的重要性；
2. 培养科学、严谨、细心的工作态度，渗透"保教合一，保教并重"的教育思想。

任务一　灯具的清洁

任务导入

转眼间，幼儿园已经开学一个月了，今天是幼儿园大扫除的日子。保育员王老师早早地来到幼儿园，准备好工具，就开始干活了。王老师把班级仔仔细细地打扫干净，不经意抬头一看，灯罩里面好像有很多灰尘，于是王老师搬来梯子，慢慢旋转螺丝，把灯罩卸了下来。她用湿抹布把灯罩里的尘土擦了一遍，然后涮洗一遍抹布又擦了一遍，擦完一看时间，马上要到中午吃饭的时间了，于是王老师赶紧爬上梯子将灯罩装上，将物品整理好就吃饭去了。王老师走后，灯罩里没干的水珠正一滴一滴地向下滴……

思考：幼儿园灯具清洁工作都包括哪些环节？在工作中有哪些注意事项？

任务准备

幼儿在园的大部分游戏和生活时间是在活动室内度过的。因此，保持活动室的安全和清洁，对活动中的幼儿进行必要的保育十分重要。保持灯具清洁，能使活动室的整体环境看上去焕然一新，进行灯具清洁，也是活动室清洁的重要工作之一。

擦拭的要求如下：

（1）保育员每周要用鸡毛掸子掸去灯罩上的灰尘，每月要对幼儿园的灯具细致擦拭一遍。

（2）用专用抹布按照从上到下、从里到外的顺序对灯具进行擦拭，做到无灰尘。

任务实施

物品准备

抹布、清洁剂。

工作内容

（1）按照工作要求擦拭灯泡、灯管和灯罩。

（2）按照工作要求擦拭开关和插座。

操作要求

（1）保育员每月要对幼儿园的灯具进行擦拭。

（2）用专用抹布按照从上到下、从里到外的顺序对灯具进行擦拭，做到无灰尘。

（3）清洁盆、抹布、清洁剂、刷子、橡胶手套等要专用。

操作流程

一、灯泡、灯管的清洁

灯泡、灯管的清洁（图 8-1-1）的操作步骤及说明如下：

（1）将窗户打开，使空气流通，并且关闭电源。

（2）用拧干的抹布蘸清洁剂擦拭日光灯管或灯泡，如果有其他已拆下的配件也用同样的方法来擦拭。

（3）用干净的干抹布将清洁剂擦干净，最好用干净的干抹布反复擦拭。

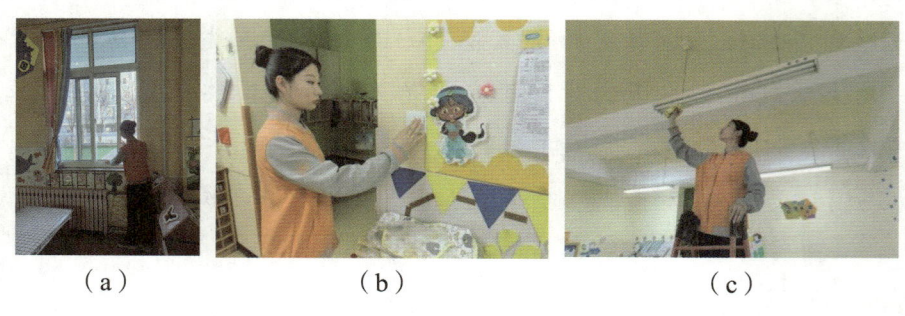

（a） （b） （c）

图 8-1-1 灯泡、灯管的清洁
（a）打开窗户；（b）关闭电源；（c）擦拭灯管或灯泡

二、灯罩的清洁

灯罩的清洁（图 8-1-2）的操作步骤及说明如下：

（1）塑料制、金属制、玻璃制灯罩的清洁：先用拧干的抹布涂上清洁剂，擦拭污渍；再用拧干的抹布将残留的清洁剂擦掉；最后用干净的干抹布仔细擦拭干净。

（2）亚克力制灯罩的清洁：先用柔软的干抹布轻轻将灰尘拂掉，再用干抹布仔细擦拭干净。

（3）布制、纸质灯罩的清洁：先用防静电掸子清除灰尘，然后用干抹布擦拭污渍，最后可以用毛笔等小物件，清除不容易清除掉的污渍。

（a） （b）

图 8-1-2 灯罩的清洁
（a）将拧干的抹布涂上清洁剂；（b）擦拭灯罩

三、开关、插座的清洁

开关、插座的清洁（图 8-1-3）的操作步骤及说明如下：

（1）用干抹布将开关擦拭干净。

（2）插座上如果沾染了污垢，可先拔下电源，然后用软布蘸少许去污粉擦拭。

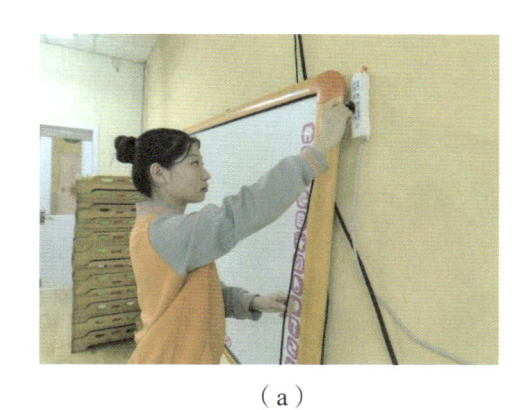

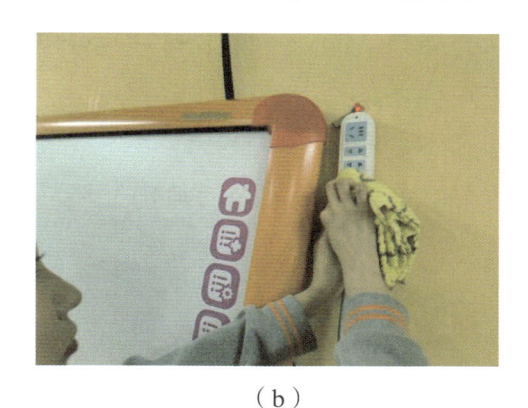

（a） （b）

图 8-1-3　开关、插座的清洁
（a）拔下电源；（b）擦拭插座

任务巩固

知识重现

结合所学知识，填写灯具的清洁任务学习检测表（表 8-1-1）。

表 8-1-1　灯具的清洁任务学习检测表

知识与技能点	我的理解（填写关键词）
灯泡、灯管的清洁	1
	2
	3
灯罩的清洁	1
	2
	3
开关、插座的清洁	1
	2
	3

拓展提升

清洁灯具

保健医在幼儿园的群里通知各班级教师：请各班今日彻底清洁紫外线灯管及灯座后，按常规进行每周一次的紫外线灯管消毒（用75%酒精擦拭），可自行安排时间携带容器至保健室领取酒精、纱布。保育员王老师忙着别的工作，把这事给忘了，到下午幼儿吃饭时匆匆忙忙从保健室领来酒精、纱布，搬来梯子直接用酒精、纱布进行消毒，赶在幼儿们吃完饭前终于完成了工作，王老师不由得松了一口气。

请问案例中的保育员王老师哪个环节出现了问题？正确的做法是什么呢？

学习评价

请同学们根据自己的学习情况完成任务学习考评评分表（表8-1-2）。

表8-1-2　考评评分表

考评项目	配分	考评内容	自我评价（40%）	教师评价（60%）
灯泡、灯管的清洁	30	能按照工作要求，进行紫外线消毒		
灯罩的清洁	30	能按照工作要求，对灯罩进行清洁		
开关、插座的清洁	20	能按照工作要求，对开关、插座进行清洁		
职业素养	10	物品准备齐全		
	10	规范操作		
得分				

任务二　门、窗、墙壁和班级卫生死角的清洁

任务导入

下午，王老师又继续进行门窗的清洁。她先是涮洗了一遍抹布，按照从左至右、从上到下的顺序将门的正反面擦干净，然后按照刚刚的方式擦拭了窗户。园长走过来，告诉王老师，门把手要进行消毒，王老师心想：我刚刚都已经擦得很干净了，不需要消毒。园长走后，王老师也没有进行消毒，而是继续进行下一项工作了。

思考： 门窗的清洁工作具体包括哪些环节？在工作中有哪些注意事项呢？

> 任务准备

在幼儿园的日常生活中，做好卫生防护是至关重要的一环。幼儿园的环境卫生直接关系到幼儿的健康成长，而卫生死角的存在往往会成为疾病传播的温床。对幼儿园的门、窗、墙壁和卫生死角进行清洁和管理，不仅是保障幼儿健康的重要手段，也是幼儿园健康管理的重要组成部分。

一、门、窗和墙壁擦拭的正确顺序

（1）擦拭墙面的顺序：从上到下（瓷砖、木质墙面都需要擦拭），从左至右，擦拭2~3遍。

（2）擦拭门框、窗框的顺序：从上到下，从左至右。擦拭门框和窗框的时候注意要将缝隙处、容易落灰的地方擦拭干净。如果门上有玻璃，也要将玻璃擦拭干净。

（3）擦拭窗台的顺序：从左到右，将窗台上的尘土擦拭干净。

二、清洁注意事项

（1）窗户容易积尘，特别是风沙大的地区更是如此。教师要注重窗户的日常保洁，平时窗户有浮尘时，可以用除尘掸子拂去灰尘。每天早上来园用湿抹布擦拭一遍窗台。

（2）在擦拭过程中，对污渍印较深的物体表面，要涂抹清洁剂用刷子刷洗，去除上面的污渍，最后用洗干净的抹布擦拭两遍，确保清洁干净。

三、卫生死角清理的具体操作方法

（1）地板缝隙清理：地板缝隙是容易积存灰尘、食物碎屑和细菌的地方。清理地板缝隙需要使用专业的地板刷和吸尘器，将缝隙中的杂物彻底清理干净，并使用消毒液进行彻底的消毒处理。

（2）角落、墙边清理：角落、墙边是常被忽视的清洁死角，容易积存灰尘和细菌，清理时需要使用清洁刷和消毒液，将角落、墙边的污垢和细菌进行彻底清理和消毒。

（3）床底下清理：床底下是容易被忽视的清洁死角，往往积存着大量的灰尘和细菌。清理时需要将床移开，使用吸尘器和拖把对床底下的地面进行彻底清洁并且进行适当的消毒处理。

> 任务实施

物品准备

抹布、清洁剂。

工作内容

（1）按照工作要求擦拭门、窗户和墙壁。

（2）按照工作要求对班级卫生死角进行清洁。

操作要求

（1）保育员每天要对幼儿园的门、窗户、墙壁进行擦拭。

（2）保育员定期对班级死角卫生进行清洁。

（3）用专用抹布按照从上到下、从里到外的顺序进行擦拭，做到无灰尘。

（4）清洁盆、抹布、清洁剂、刷子、橡胶手套等要专用。

操作流程

一、门的清洁

门的清洁（图8-2-1）的操作步骤及说明如下：

（1）擦拭门主体部分的正反两面时，要按照从上到下、从左到右的顺序，用干净的半干抹布擦拭。

（2）擦拭门框时，按照从上到下、从左到右的顺序擦拭。

（3）擦拭门把手时，先用干净的湿抹布擦一遍，再用经消毒液浸泡过的湿抹布擦拭一遍，并停留10~15分钟，最后用干净的半干抹布擦一遍。

图8-2-1 门的清洁
（a）擦拭门主体部分；（b）擦拭门框；（c）擦拭门把手

二、窗户的清洁

窗户的清洁（图8-2-2）的操作步骤及说明如下：

（1）用干净的半干抹布按照从左到右的顺序擦拭窗框、窗台、暖气罩，如果有暴露在外的暖气，还要擦拭暖气管。

（2）折叠毛巾换干净的一面，从左到右擦拭第二个窗台，然后擦拭窗框，直到班级所有窗台台面、窗框都擦拭完毕。

（3）定期擦拭玻璃，取干净的湿抹布和干抹布，将干、湿抹布交替从上到下擦拭玻璃正反两面。先用湿抹布，后用干抹布，也可以使用擦玻璃的专用工具擦拭玻璃，使之无灰尘，无擦痕，保持窗明几净。

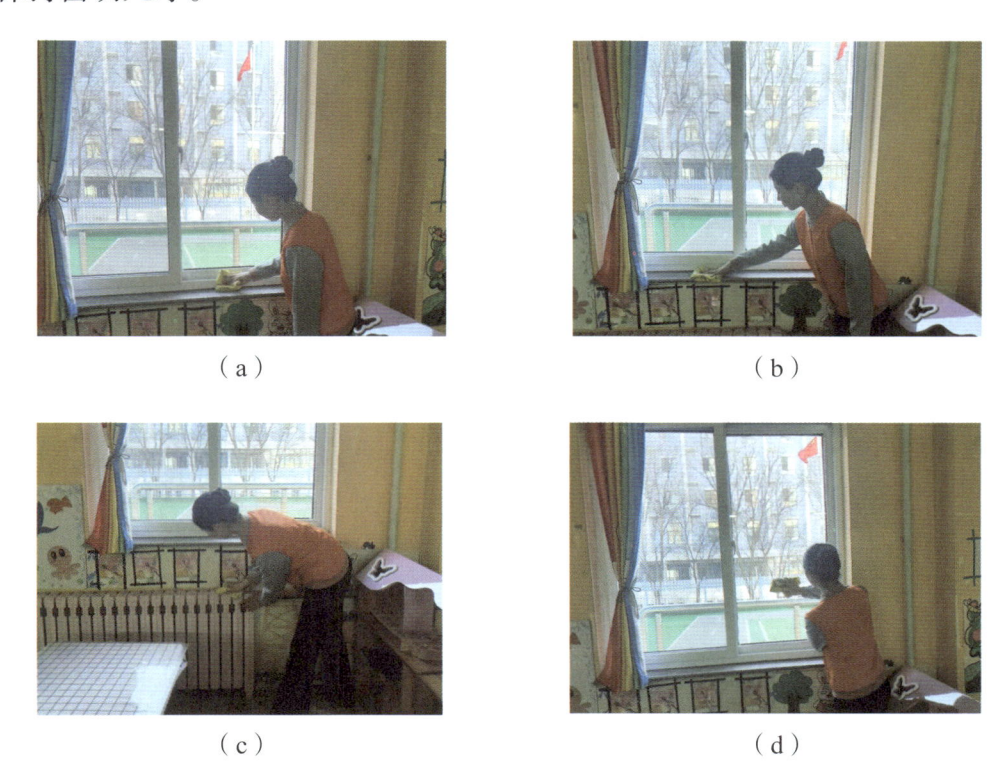

图 8-2-2 窗户的清洁
（a）擦拭窗框；（b）擦拭窗台；（c）擦拭暖气管；（d）擦拭玻璃

三、墙壁的清洁

墙壁的清洁（图 8-2-3）的操作步骤及说明如下：

将毛巾再次洗涤干净，用干净的湿抹布擦拭盥洗室、厕所的瓷砖、围墙，按照从左到右、从上到下的顺序擦拭，确保墙壁无污渍，墙面光洁。

图 8-2-3 墙壁的清洁
（a）擦拭盥洗室、厕所的瓷砖；（b）擦拭盥洗室、厕所的围墙

四、班级卫生死角的清洁

班级卫生死角的清洁（图 8-2-4）的操作步骤及说明如下：

（1）检查班级内有无卫生死角。

（2）用鸡毛掸子在房顶四周按顺序轻轻擦拭，清除蜘蛛网，直到班级所有的屋顶边缘全部擦拭完毕。

（3）拉开教具柜，用扫帚将教具柜下面的尘土、杂物等清扫干净。

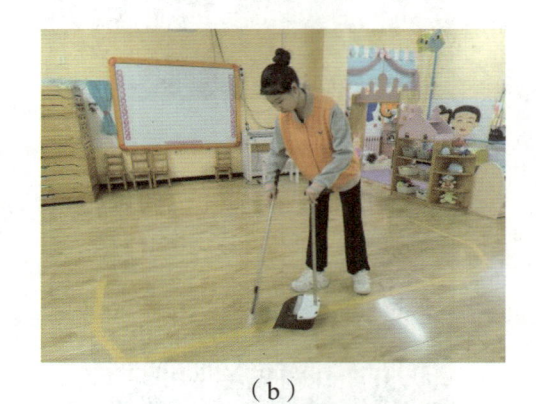

（a）　　　　　　　　　　　　　　（b）

图 8-2-4　班级卫生死角的清洁
（a）检查班级内有无卫生死角；（b）清扫尘土、杂物

任务巩固

知识重现

结合所学知识，填写门、窗、墙壁和班级卫生死角的清洁任务学习检测表（表 8-2-1）。

表 8-2-1　门、窗、墙壁和班级卫生死角的清洁任务学习检测表

知识与技能点	我的理解（填写关键词）
门的清洁	1
	2
	3
窗户的清洁	1
	2
	3
墙壁的清洁	1
	2
	3

续表

知识与技能点	我的理解（填写关键词）
班级卫生死角的清洁	1
	2
	3

拓展提升

走丢的积木

蓝老师干了一天的活，她觉得当保育员真辛苦呀，从孩子入园直到离园，没有一刻是闲着的，现在终于熬到放学时间了，一定要好好休息休息。可是班级卫生还没打扫完，蓝老师不情愿地扫地、拖地、整理玩具……在整理玩具的时候，她看见玩具柜下面好像掉落了孩子们经常玩的积木，她蹲下来仔细一看，柜子底下有好几块五颜六色的积木，可是如果要清理，就必须把柜子挪开好好打扫。蓝老师心想：我今天太累了，就不打扫了，于是她趁没人注意，就悄悄地把积木往里面踢了几脚，随后蓝老师拿着包回家了……

请问案例中的保育员蓝老师哪个环节出现了问题？正确的做法是什么呢？

学习评价

请同学们根据自己的学习情况完成任务学习考评评分表（表8-2-2）。

表8-2-2 考评评分表

考评项目	配分	考评内容	自我评价（40%）	教师评价（60%）
门的清洁	20	能按照工作要求，进行门的清洁		
窗户的清洁	20	能按照工作要求，进行窗户的清洁		
墙壁的清洁	20	能按照工作要求，进行墙壁的清洁		
班级卫生死角的清洁	20	能按照工作要求，进行班级卫生死角的清洁		
职业素养	10	物品准备齐全		
	10	规范操作		
得分				

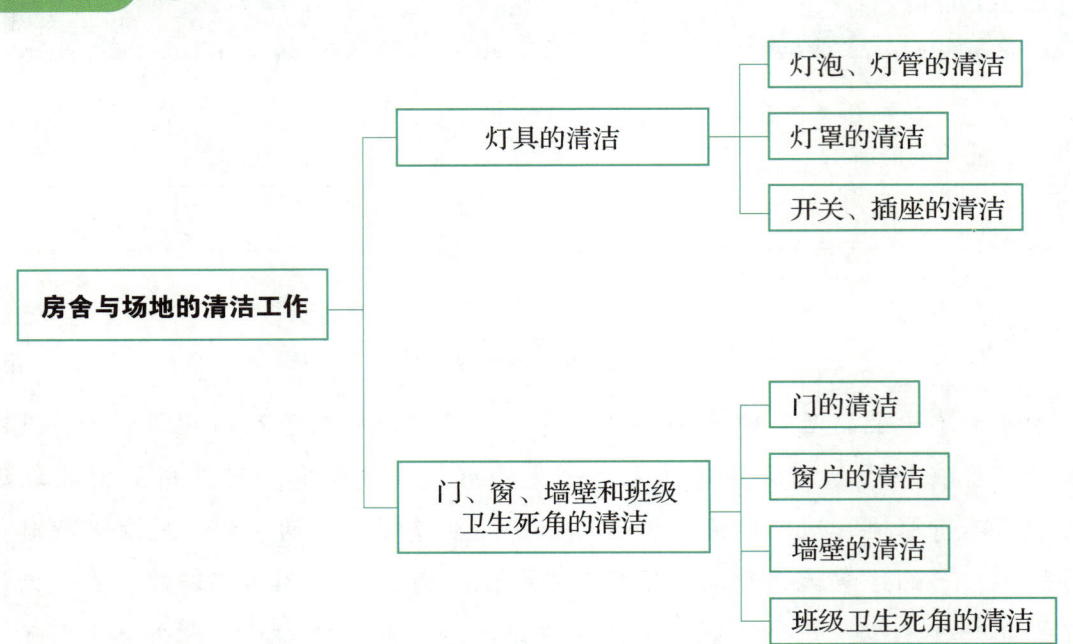

项目总结

房舍与场地的清洁工作
- 灯具的清洁
  - 灯泡、灯管的清洁
  - 灯罩的清洁
  - 开关、插座的清洁
- 门、窗、墙壁和班级卫生死角的清洁
  - 门的清洁
  - 窗户的清洁
  - 墙壁的清洁
  - 班级卫生死角的清洁

项目九 设备与用具的清洁工作

　　幼儿园的清洁消毒工作是减少幼儿发生疾病和防止传染病的有效措施，是保证幼儿在干净、整洁、安全、舒适的环境中愉快地参加各种活动的必备条件，可以有效地促进每位幼儿健康快乐成长。幼儿园的桌椅使用频率较高，集体教学活动、活动区活动、三餐两点等都要用到，保育员除了在使用桌椅前后对桌椅进行擦拭和消毒以外，还要每周进行一次全面的清洁；对于寝室的清洁消毒工作，保育员不只要开窗通风、清洁地面、整理床铺，更要按照幼儿园的要求做好幼儿的床的清洁消毒工作，给幼儿营造良好的睡眠环境；读书玩玩具也是幼儿们最喜欢和经常进行的活动，保育员需要定期对玩具、图书进行清洁消毒，尤其是户外的中大型玩具的清洁消毒不能被忽略掉，这些都将为幼儿的健康成长创造良好的条件。下面将对幼儿常用的设备和用具的清洁消毒工作内容流程进行详细的介绍。

学习目标

知识目标

1. 知道并掌握幼儿园寝室幼儿桌椅、床的清洁的工作内容和操作步骤；
2. 知道并掌握幼儿园室内玩教具的清洁方法和操作流程；
3. 知道并掌握幼儿园室外中大型玩具的清洁方法和操作流程。

能力目标

1. 能够按照幼儿桌椅、床的清洁的操作步骤，独立完成清洁工作，为幼儿营造干净整洁的活动环境；
2. 能够按照室内玩教具的清洁方法独立完成玩具和图书的清洁工作；
3. 能够按照幼儿园户外中大型玩具清洁消毒流程完成清洁消毒工作。

情感态度价值观

1. 在清洁消毒的过程中，树立自我保护和保护幼儿的安全意识，提高责任意识，体会保育工作的重要性；
2. 培养科学、严谨、细心的工作态度，渗透"保教合一，保教并重"的教育思想。

任务一 幼儿桌椅、床的清洁

任务导入

一名保育员在幼儿园需要做的工作有很多，除了常规工作，还要合理安排每天的重点工作，王老师作为一名经验丰富的保育员，按照幼儿园要求和计划把每天的重点工作准时完成。今天该给桌椅"洗澡"了，下午小朋友们都去户外活动了，王老师换好自己的工作服、整理好着装，开始忙碌起来，按照顺序给小桌子、小椅子搞卫生，看起来很辛苦，可是王老师一个角落也不放过，用消毒液把桌椅的各个部位进行了全面擦拭，生怕因哪里没擦干净而影响幼儿的健康成长，真是一位负责任的好老师。时间过得真快，幼儿们在老师的带领下一个接着一个走进班级，他们都露出了喜悦的目光，"哇，真干净！""是呀是呀，太整齐了，我的小椅子藏起来了"……

思考： 幼儿园一周重点清洁工作包括哪些内容？幼儿的桌椅和床需要清洁哪些部位？在清洁过程中有哪些注意事项呢？

任务准备

一、幼儿园一周重点清洁工作

保育员需要确保每周重点清洁工作进行整体轮换，达到卫生、消毒、无死角，幼儿园一周重点清洁工作包括以下几方面的内容：

（1）清洁消毒幼儿的床，检查幼儿指甲。

（2）清洁消毒幼儿的桌椅。

（3）清洁幼儿的水杯、梳子、牙具。

（4）清洁班级责任区卫生，清扫班级卫生死角。

（5）清洁消毒室内外玩具，暴晒图书和玩具。

（6）整理教师物品柜，清洗各种袋子和盖布，如餐盘袋、盖碗布等。

二、制作清洁与消毒专用物品标记的方法

（1）标记专用抹布的方法。可以用毛线缝制，在抹布一角用笔写上"消毒"两个字，选择和抹布颜色反差大的毛线，用小针脚一针一针沿着"消毒"字样缝制，另外如果需要同时准备几块抹布，最好用不同的颜色标记，方便教师区分。

（2）标记专用盆的方法。很多消毒液对金属盆有腐蚀作用，可以用塑料盆作为消毒盆，

用金属盆作为清水盆，或者准备两种不同颜色的盆作为消毒盆和清水盆，如果盆的外观一样，可在纸上写明"消毒盆"和"清水盆"，用胶带贴在容易识别的位置并固定好。

（3）标记专用拖把的方法。打印"室内干""室内湿""室外""卫生间干""卫生间湿"的字样，大小比例要合适，粘贴在拖把柄上或者专门放置拖把的位置。

（4）标记专用橡胶手套的方法。在放置橡胶手套的固定位置粘贴"消毒""清洁""卫生间"等字样。

（5）标记幼儿专用物品的方法。可在幼儿专用物品架上粘贴幼儿喜欢的小标志，也可以写上幼儿的名字，请幼儿记住自己的小标志或者名字，确保幼儿能够准确找到自己的物品。

三、清洁用具环境创设的方法

（1）打印需要粘贴的字样，也可以手写，大小比例要合适，裁剪好后备用。

（2）用干净的湿抹布擦拭墙面，去除墙面污渍，再用干净的干抹布擦拭一遍。

（3）粘贴打印或写好的字样。要根据墙面状况，合理安排每个物品的晾晒位置。

（4）按照粘贴好的标记，一一对应，晾挂各类清洁消毒和专用物品，真正做到专物专用。

任务实施

物品准备

消毒液、清洁盆、抹布、橡胶手套、幼儿床等物品，穿好工作服等。

工作内容

（1）按照合适的配比配置消毒液。

（2）清洁消毒幼儿桌椅、床体。

操作要求

（1）保育员每周要对幼儿的桌椅、床清洁消毒一次，用消毒毛巾擦拭。

（2）清洁消毒桌椅要在幼儿户外活动或睡眠期间进行，清洁消毒床要在幼儿入睡前进行，保证不影响幼儿，给幼儿创造干净整洁的环境。

（3）用专用抹布按照从上到下的顺序清洁消毒桌椅和床，做到无灰尘，如果是活动床或者折叠床需要将床全部拉出展开后再清洁消毒。

（4）清洁盆、抹布、清洁剂、刷子、橡胶手套等要专用。

（5）保育员要按照合适的配比配制消毒液。

操作流程

一、幼儿桌椅的清洁

幼儿桌椅的清洁（图 9-1-1）的操作步骤及说明如下：

（1）按照配比要求配制消毒液。

（2）将抹布在消毒液中充分洗涤并拧干。

（3）将桌子的四个边及桌子的四条腿擦拭干净。

（4）再将抹布在消毒液中充分洗涤并拧干。

（5）擦拭第一把椅子，依次将椅子面、椅子靠背前面和后面、椅子腿、椅子四面的横杆擦拭干净。

（6）将擦拭干净的椅子放回原位，直至班级所有的桌子、椅子全部擦拭完毕。

（a） （b） （c）

图 9-1-1　幼儿桌椅的清洁
（a）将椅子拉出来；(b) 清洁桌子；(c) 清洁椅子

二、幼儿床的清洁

幼儿床的清洁（图 9-1-2）的操作步骤及说明如下：

（1）按照配比要求配制消毒液。

（2）把装有消毒液的消毒盆端到幼儿寝室，再把专用抹布放在消毒液中浸泡、洗涤、拧干。

（3）采用表面擦拭的方式擦拭第一张床，按照从上到下的顺序，对床框（床的四周）、床腿等处进行擦拭，如果床有床头或者床栏杆，要按照从床头、床栏杆到床的四周和床腿的顺序进行擦拭，做到无灰尘、无死角。注意如果是活动的床或者折叠床，需要将床全部拉出展开后再按照从上到下的顺序擦拭干净。

（4）擦拭完第一张床后，保育员将抹布再次放进消毒盆中充分洗涤、拧干。

（5）按照擦拭第一张床的顺序和方法接着对第二张床进行擦拭消毒，直到将所有的幼的床擦拭消毒完成。

（6）待所有的床擦拭消毒后，停留 10~30 分钟，再用清水将所有床擦拭一遍。

（7）清洁幼儿床后，将消毒盆、抹布用清水洗涤干净。

（8）将干净的消毒盆和抹布、剩余消毒液、橡胶手套等物品放回原处备用。

（a）　　　　　　　　　　　　（b）

图 9-1-2　幼儿床的清洁
（a）洗涤抹布；（b）清洁床

任务巩固

知识重现

结合所学知识，填写幼儿桌椅、床的清洁任务学习检测表（表 9-1-1）。

表 9-1-1　幼儿桌椅、床的清洁任务学习检测表

知识与技能点	我的理解（填写关键词）
幼儿桌椅的清洁	1
	2
	3
	4
	5
	6
幼儿床的清洁	1
	2
	3
	4
	5
	6
	7
	8

拓展提升

幼儿床的清洁

保育员每天在幼儿园要完成各种清洁卫生工作，贝贝幼儿园今天开展每月一次的家长开放日活动，保育员钱老师一大早就开始忙碌起来，一上午的活动终于结束了，又到了给孩子们准备午餐和睡眠的时间了，在钱老师的精心准备下，孩子们吃得饱饱的，钱老师想终于可以休息一下了，每个月的今天都特别的忙碌，但是为了孩子开心、家长满意，一切都值得。

小朋友们该上床睡觉了，钱老师指导孩子们安静地躺在床上，钱老师又开始忙碌起来，她用早上配好的消毒液对幼儿床体的框和腿进行了一次简单的擦拭消毒，擦拭后将清洁消毒物品整理好放回原处，又将幼儿的衣物整理好，然后将寝室的地面进行了清扫，忙完了这些，钱老师才坐在寝室里看护幼儿午睡。

请问案例中的保育员钱老师在工作中哪些地方值得肯定？又存在哪些问题？请你结合所学知识进行分析解答。

学习评价

请同学们根据自己的学习情况完成考评评分表（表9-1-2）。

表9-1-2 考评评分表

考评项目	配分	考评内容	自评（40%）	师评（60%）
配置消毒液	10	能根据工作要求，配置好消毒液		
抹布的洗涤	10	能按照工作要求，将抹布洗涤干净		
擦拭桌子	10	能按照工作要求，按照顺序擦拭桌子，不留死角		
擦拭椅子	10	能按照工作要求，按照顺序擦拭椅子，不留死角		
擦拭床	10	能按照工作要求，按照顺序擦拭床，不留死角		
清洗清洁用具	10	能根据工作要求，完成清洁用具的清洁工作		
桌椅复位	10	能根据工作要求，将桌椅逐一复位		
清洁用具放回原处	10	能按照工作要求，将各类清洁用具放回原处备用		
职业素养	10	物品准备齐全		
	10	规范操作		
得分				

任务二　室内玩教具的清洁

任务导入

某职业院校学前教育专业三年级的小张同学在某所幼儿园做实习保育员，实习结束后回到学校，学校要她给学妹们讲一讲实习的所见所闻所感。她说，保育员的工作很繁杂，每天有干不完的活，要打扫卫生，要清洁桌椅、床，要给教具清洁消毒，要取餐送餐，要配合教师开展室内室外的各种教育活动，要从早上上班一直忙到下午下班，最初的时候真是感觉手忙脚乱的，所以保育员让她负责室内和室外的玩教具的清洁，在她有空的时候再协助保育员完成其他的工作。小朋友的玩具种类特别多，有的可以直接清洁，有的要用刷子刷洗，有的要用消毒液浸泡，有的需要在太阳底下晾晒，感觉有点麻烦，但是工作了一段时间，她逐渐熟悉了工作流程和内容，工作变得得心应手了，即使保育员有事不在，也可以做好每项工作。她感到每天和可爱的小朋友在一起是一件开心又幸福的事情。

思考： 听了小张同学的讲述，想一想在学校应该怎样学习保育方面的知识？如何开展玩教具的清洁工作？保育员的工作已经很多了，为什么还要对玩教具进行清洁呢？

任务准备

一、玩教具消毒的方法

（1）木制类玩教具：可以先使用玩具清洗剂擦拭表面，然后用清水冲洗干净，最后晾干。

（2）塑料类玩教具：没有污垢的情况下可以用清水擦拭，如果有污垢可以先使用玩具清洗剂刷洗，然后用大量清水冲洗干净，最后晾干。

（3）电动电子类玩教具：可以先拆下电池，然后用湿布擦拭表面。

（4）毛绒类玩教具：可以把脏了的毛绒玩具和粗盐一起放入一个塑料袋内，封口，然后用力摇晃几十下，取出时粗盐已因吸附了污垢而变成灰黑色。

（5）纸类玩教具：阳光充足时，可将图书打开置于阳光下暴晒3~6小时，进行日晒消毒。如果遇到阴雨天气，可将图书打开放在紫外线灯下照射30分钟，进行紫外线消毒。

二、玩教具清洁的注意事项

（1）使用专业的清洁剂和消毒剂，保证其安全性和有效性。

（2）在清洁和消毒前要先检查玩教具表面是否有损坏，以免加剧损坏。

（3）定期检查、更换、修理玩教具，以防止车轮、机械等零部件损坏，损伤幼儿皮肤。

（4）不同种类的玩教具要采用不同的清洁消毒方法，分别清洁消毒，不能混合在一起处理。

（5）注意清洁玩教具时，要同时把盛放玩教具的筐和玩具柜一起清洁干净。

三、玩教具卫生消毒制度举例

幼儿园应该根据气候、地域、环境、卫生条件等方面的特点，制定具有本园特色的玩教具卫生消毒制度，下面举例介绍。

（1）新购买的玩教具在使用前必须清洁消毒。

（2）在一日生活中，特别是区域活动中，教师要培养幼儿养成爱护玩教具、保持玩教具清洁卫生的良好习惯，教育幼儿在玩玩教具前要清洁双手，不要把玩教具放在口中吸吮，也不要将玩教具随处乱扔，用完要放回原处。

（3）保育员要在保健人员的指导下，定期对各类玩教具进行清洁消毒，并及时做好清洁消毒工作记录。

> 任务实施

物品准备

准备各类玩教具、消毒液、清洁盆、抹布、橡胶手套等物品，穿好工作服等。

工作内容

（1）幼儿室内玩具的清洁。

（2）幼儿室内教具的清洁。

（3）幼儿图书的清洁。

操作要求

（1）保育员每周要对幼儿的室内玩教具清洁消毒一次。

（2）保育员要根据玩教具的不同种类采用不同的方式进行清洁消毒，比如塑料类可用消毒液浸泡式消毒，纸质材料可在阳光下暴晒或者用紫外线消毒，阳光下暴晒一般为3~6小时，紫外线消毒一般为30分钟，而木制材料可用消毒液擦拭消毒。

（3）清洗擦拭完的玩教具需要晾干后才能继续使用。

（4）清洁盆、抹布、清洁剂、刷子、橡胶手套等要专用，用完后放回原处。

（5）保育员要在保健人员的指导下使用不同的消毒液对玩教具进行清洁消毒。

操作流程

一、室内玩具的清洁

室内玩具的清洁（图 9-2-1）的操作步骤及说明如下：

1. 塑料玩具的清洁消毒

（1）将班级中所有能够水洗的塑料玩具拿到盥洗室。

（2）将塑料玩具倒入水池中，并将准备好的消毒液倒入，浸泡 10~30 分钟。

（3）用清水将玩具冲洗干净，玩具上有重污垢的，要用刷子刷洗，将洗完的玩具放在水池台上的玩具筐里。

（4）将所有洗完的玩具筐及玩具一起拿到户外晾晒。

（5）将晒干的玩具筐及玩具拿回室内，放进玩具柜，摆放整齐。

2. 木制或铁制玩具的清洁消毒

（1）可以用酒精或者消毒液擦拭。

（2）也可在阳光下暴晒 3~6 小时，进行日晒消毒。

3. 毛绒、布制玩具的消毒

（1）特别脏的玩具可用肥皂、洗衣粉等进行清洗消毒，清洗干净后再放在阳光下晾晒，晒干后方可再用。

（2）不脏的玩具无须清洗，可直接放在阳光下暴晒 3~6 小时，进行日晒消毒。

（a）　　　　（b）　　　　（c）

图 9-2-1　室内玩具的清洁
（a）塑料玩具浸泡消毒；（b）木制玩具擦拭消毒；（c）毛绒、布制玩具日晒消毒

二、室内教具的清洁

室内教具的清洁（图 9-2-2）的操作步骤及说明如下：

（1）将能够进行化学消毒的教具挑选出来。

（2）用消毒液对能够使用化学消毒的教具进行浸泡消毒，浸泡10~30分钟。

（3）将浸泡过的教具用清水冲洗干净。

（4）将不能进行浸泡消毒的教具用消毒液进行擦拭消毒，使消毒液在玩具上停留10~30分钟。

（5）用浸泡过清水的半干抹布擦拭消毒过的教具。

（6）将清洁消毒完的教具放在通风处进行晾晒。

（7）清洗消毒用具，并将干净的清洁盆和抹布、剩余消毒液、橡胶手套等物品放回原处备用。

（a） （b）

图 9-2-2 室内教具的清洁
（a）消毒液浸泡消毒；（b）消毒液擦拭消毒

三、图书的清洁

图书的清洁（图9-2-3）的操作步骤及说明如下：

（1）在阳光充足的情况下采用日晒消毒。

①将班级中所有的图书集中在一起。

②将集中起来的图书拿到户外。

③将图书全部打开，摆放在小桌子上，在阳光下暴晒3~6个小时。

④将晒好的图书收回班级中，摆放整齐。

（2）如遇阴雨天，可将图书放在紫外线灯下照射30分钟，进行紫外线消毒，消毒后将图书放回原处摆放整齐。

图 9-2-3 图书的清洁
(a) 收集图书；(b) 收回图书，摆放整齐

任务巩固

知识重现

结合所学知识，填写室内玩教具的清洁任务学习检测表（表 9-2-1）。

表 9-2-1 室内玩教具的清洁任务学习检测表

知识与技能点	我的理解（填写关键词）
室内玩具的清洁	1
	2
	3
室内教具的清洁	1
	2
	3
	4
	5
	6
	7
图书的清洁	1
	2

拓展提升

给玩具洗澡喽!

保育员的工作虽然没有特别多的技术活,却也需要有足够的耐心和细心,又到了周五,保育员陈老师在幼儿离园后又忙碌了起来,整理整理这,打扫打扫那,现在该给玩具洗澡啦。陈老师看着这么多的玩具,再看看手表已经六点半了,可是自己的宝宝还在小饭桌等着妈妈来接,想到这里,陈老师赶紧给玩具进行清洁消毒,陈老师把班里所有的玩具都拿到了盥洗室,在水池里接满了清水,然后把配好的84消毒液倒入了水池里,就开始给一筐筐的玩具洗澡了,半个小时过去了,玩具洗好了,陈老师把一筐筐的玩具放在通风处晾晒,一周的工作伴随着玩具的洗澡就结束啦,关好门窗后陈老师就去小饭桌接自己的宝宝回家了。

请问案例中的保育员陈老师给玩具清洁消毒的做法是否正确?如果做法不正确,请你结合所学知识帮助陈老师改正。

学习评价

请同学们根据自己的学习情况完成考评评分表(表9-2-2)。

表9-2-2 考评评分表

考评项目	配分	考评内容	自评(40%)	师评(60%)
塑料玩具的清洁消毒	10	能根据工作要求,完成塑料玩具的清洁消毒		
木制或铁制玩具的清洁消毒	10	能按照工作要求,完成木制或铁制玩具的清洁消毒		
毛绒、布制玩具的消毒	10	能按照工作要求,完成毛绒、布制玩具的消毒		
教具消毒液浸泡消毒	10	能按照工作要求,对能用化学溶液浸泡的教具进行清洁消毒		
教具消毒液擦拭消毒	10	能按照工作要求,对教具进行消毒液擦拭消毒		
图书日晒消毒	10	能根据工作要求,完成图书日晒消毒		
图书紫外线消毒	10	能根据工作要求,对图书进行紫外线消毒		
清洁用具并将玩教具及用具放归原处	10	能按照工作要求,清洁用具,并将各类清洁用具、玩教具放回原处备用		
职业素养	10	物品准备齐全		
	10	规范操作		
得分				

任务三　户外中大型玩具的清洁

任务导入

今天是周五，按照园所计划，今天下午要在幼儿离园后对户外的所有中大型玩具进行清洁消毒，今天负责清洁工作的是所有大班的保育员。保育员们按照要求穿戴整齐、带好清洁用具在规定时间来到了幼儿园的户外场地。保育员们先是对各个区域的玩具进行了分工，然后就开始忙碌了起来。李老师说："我去打水，你们给大家分一下其他的清洁用具。"王老师说："我来分吧。"赵老师说："咱俩一起分，这样更快一些。"保育员们很快用清水对所有的玩具进行了第一次清洁，紧接着又用消毒液进行了二次擦拭，停留15分钟后，用清水进行了第二次清洁擦拭，保育员们累得满头大汗，嘴里却说着："这些玩具就像新的一样，孩子们又可以开心地玩耍了。""想到孩子们开心玩耍的画面，怎么觉得一点儿也不累呀，"……

思考： 户外中大型玩具需要每天都进行清洁吗？中大型玩具的清洁包括哪些环节？我们又该如何做这项工作呢？

任务准备

一、户外中大型玩具消毒的重要性

幼儿园是幼儿们学习和生活的场所。为了幼儿健康成长，保育员不但要对室内的玩具进行清洁消毒，也要对户外的玩具进行定期和不定期的清洁消毒工作。

（1）预防疾病传播。幼儿们在玩耍的过程中接触到的玩具可能携带各种细菌和病毒，做好清洁消毒工作，可以有效预防疾病的传播。

（2）保护环境卫生。清洁消毒玩具还可以去除玩具表面的污垢和异味，使幼儿园的环境更加干净整洁。

（3）提升安全意识。在清洁消毒的过程中，保育员可以及时发现玩具是否破损、松动，这样就可以消除安全隐患，提高幼儿园教师和幼儿的安全意识。

二、幼儿园户外设备材料分类

幼儿园户外设备材料按照规模可以分为大、中、小型三类。

1. 大型的设备材料

大型的设备材料主要有攀登墙、攀登架、滑梯、秋千、平衡木、转椅、跷跷板、沙坑、

水池等。

2. 中型的设备材料

中型的设备材料主要有儿童三轮车、拱形圈、摇椅、呼啦圈、垫子等。

3. 小型的设备材料

小型的设备材料主要有跳绳、高跷、滑板、沙包、套圈、大型积木、各种小车、各种球（如乒乓球、羽毛球、皮球、篮球、足球、棒球等）和玩沙玩水时所用的小桶、小盆、小铲等。

户外设备材料还可以按照制作的材料进行分类，包括塑料类、金属类、木制类、布类等设备材料。

▶ 任务实施

物品准备

消毒液、清洁盆、抹布、清洁剂、刷子、橡胶手套、中大型玩具等。

工作内容

第一遍用清水清洁擦拭玩具，第二遍用消毒液擦拭玩具，第三遍用清水清洁擦拭玩具。

操作要求

（1）保育员每周要对幼儿园户外中大型玩具清洁消毒一次，并按照清水—消毒液—清水的先后顺序做好清洁消毒工作。

（2）保育员要保证对幼儿园户外中大型玩具消毒后，将消毒液在玩具上停留10~30分钟。

（3）保育员要用干净的自来水进行清洁擦拭。

（4）清洁盆、抹布、清洁剂、刷子、橡胶手套等要专用。

（5）保育员要按照需要选择合适的消毒液进行消毒（消毒液的配置方法前文已讲过）。

操作流程

一、第一遍用清水清洁擦拭玩具

第一遍用清水清洁擦拭玩具（图9-3-1）的操作步骤及说明如下：

（1）从消毒柜（或固定存放位置）中取出专用清洁盆、抹布、刷子、橡胶手套等清洁物品。

（2）从墙上对应标签处取下抹布、橡胶手套，并戴好橡胶手套，用清洁盆接入干净的自来水备用，注意不要接得太满。

（3）将清洁物品和水盆带到户外，在户外将中大型玩具一件一件用清水擦拭干净，直到所有户外玩具全部擦拭干净。

（4）用刷子对有重污垢的玩具进行洗刷。

（5）保育员将所有玩具清洁完毕后，回到盥洗室将脏水倒进便池里，并将便池冲洗干净。

（6）将清洁盆和抹布用清水洗涤干净。

图 9-3-1　第一遍用清水清洁擦拭玩具
（a）用清水擦拭玩具；（b）用刷子刷重污垢的玩具

二、第二遍用消毒液擦拭玩具

第二遍用消毒液擦拭玩具（图 9-3-2）的操作步骤及说明如下：

（1）保育员用配好的 1∶200 消毒液将清洁完成的各种玩具进行擦拭消毒。

（2）玩具消毒后，将消毒液在玩具上停留 10~30 分钟。

（3）在给玩具消毒的同时，将消毒专用抹布和清洁盆充分洗涤干净，放回固定的位置存放。

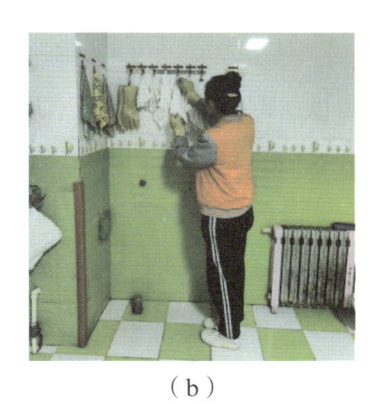

图 9-3-2　第二遍用消毒液擦拭玩具
（a）用消毒液擦拭玩具；（b）将消毒用具复位

三、第三遍用清水清洁擦拭玩具

第三遍用清水清洁擦拭玩具（图 9-3-3）的操作步骤及说明如下：

（1）用清洁盆接入干净的自来水备用，注意不要接得太满。

（2）将清洁物品和水盆带到户外，在户外将中大型玩具一件一件用清水清洁擦拭，直到所有户外玩具全部擦拭干净。

（3）保育员将所有玩具清洁完毕后，回到盥洗室将脏水倒进便池里，并将便池冲洗干净。

（4）将清洁盆和抹布用清水洗涤干净。

（5）保育员将清洁盆、清洁剂、刷子等放回消毒柜（或者固定位置）存放。

（6）将抹布、橡胶手套放回对应标签的挂钩上挂好。

图 9-3-3　第三遍用清水清洁擦拭玩具
（a）将脏水倒掉；（b）将清洁物品复位

任务巩固

知识重现

结合所学知识，填写户外中大型玩具的清洁任务学习检测表（表 9-3-1）。

表 9-3-1　户外大中型玩具的清洁任务学习检测表

知识与技能点	我的理解（填写关键词）
第一遍用清水清洁擦拭玩具	1
	2
	3
	4
	5
	6
第二遍用消毒液擦拭玩具	1
	2
	3

续表

知识与技能点	我的理解（填写关键词）
第三遍用清水清洁擦拭玩具	1
	2
	3
	4
	5
	6

拓展提升

我来给中大型玩具清洁吧！

愉快的一周工作马上就要结束了，让我来给玩具洗洗澡吧。保育员周老师开心地给玩具们洗澡了，周老师很快就把室内的玩具洗完了，轮到户外的这些大型玩具了，这可不是一件省力气的活。周老师拿着刚刚用过的盆、抹布、清洁剂等物品，先在盥洗室接了一盆清水，然后来到户外给玩具们清洗干净，玩具太多了，为了不浪费水资源，周老师把脏水倒进了树坑里。清洗干净后，周老师用事先配置好的消毒液再次进行擦拭，周老师累得满头大汗，但是一想到玩具变干净了就不觉得累了，紧接着又打来清水用抹布给玩具擦拭了一遍。周老师站起身来看了看，终于大功告成了，干净的玩具将和周老师一起迎接幼儿下周一的到来。最后周老师把所有的清洁消毒物品清洁干净后放回了原来存放的位置，开开心心地下班了。

请问案例中的保育员周老师在工作中有哪些地方值得肯定？又存在哪些问题？请你结合所学知识进行分析解答。

学习评价

请同学们根据自己的学习情况完成考评评分表（表9-3-2）。

表9-3-2 考评评分表

考评项目	配分	考评内容	自评（40%）	师评（60%）
第一遍用清水清洁擦拭玩具	10	能按照工作要求，用清水对玩具进行第一遍擦拭		
用刷子刷重污垢的玩具	10	能按照工作要求，对玩具的重污垢进行刷洗		
在盥洗室倒掉脏水	10	能按照工作要求，及时将脏水倒掉		

续表

考评项目	配分	考评内容	自评（40%）	师评（60%）
第二遍用消毒液擦拭玩具	10	能根据工作要求，采用消毒液擦拭，保证消毒液在玩具上停留的时间		
将消毒用品放归原处	10	能根据工作要求，将消毒物品放回指定位置		
第三遍用清水擦拭清洁玩具	10	能根据工作要求，完成第三遍用清水擦拭		
洗涤清洁用具	10	能根据工作要求，将清洁用具洗涤干净		
将清洁用具放归原处	10	能根据工作要求，将清洁用具放回指定位置备用		
职业素养	10	物品准备齐全		
	10	规范操作		
得分				

项目总结

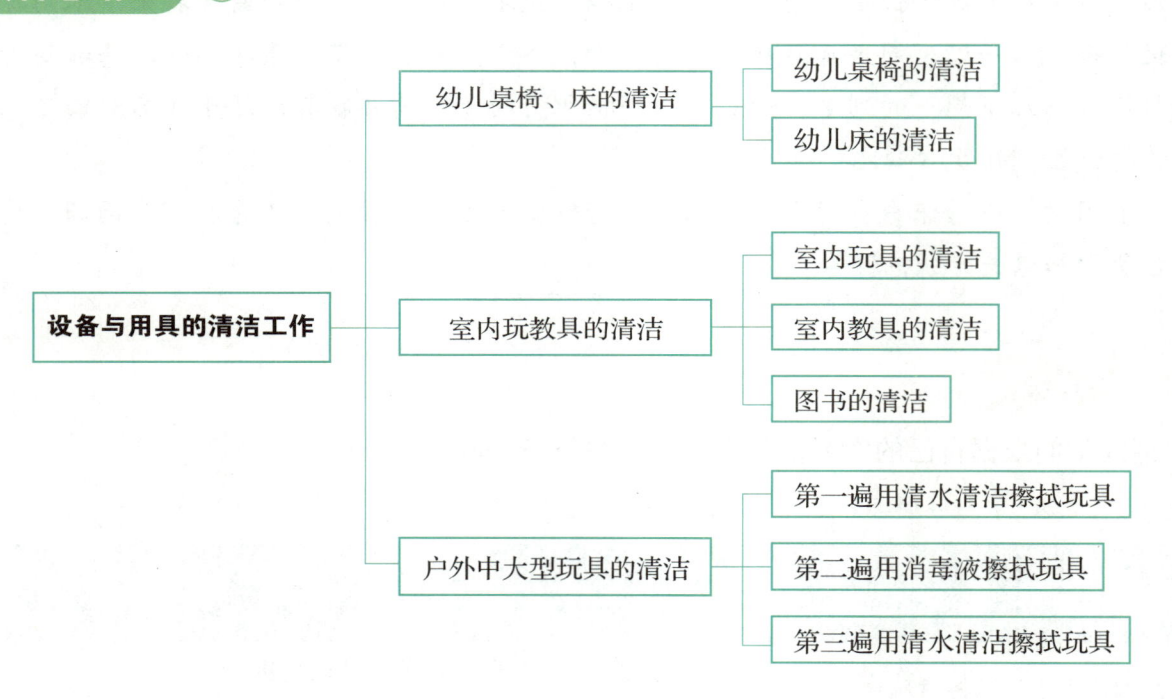

设备与用具的清洁工作
- 幼儿桌椅、床的清洁
  - 幼儿桌椅的清洁
  - 幼儿床的清洁
- 室内玩教具的清洁
  - 室内玩具的清洁
  - 室内教具的清洁
  - 图书的清洁
- 户外中大型玩具的清洁
  - 第一遍用清水清洁擦拭玩具
  - 第二遍用消毒液擦拭玩具
  - 第三遍用清水清洁擦拭玩具

模块三

幼儿常见疾病及意外事故的预防与处理

项目十 幼儿常见病的预防与处理

3~6 岁的幼儿处于生长发育阶段，免疫系统发育不完善，抵抗疾病的能力较差，容易受病原体的感染。任何一种疾病都会影响幼儿的生长发育甚至学习生活。科学的预防、合理的照护和正确的用药，可以降低幼儿常见病的发病率、减轻症状、促进康复，最大限度地降低疾病带来的危害。

学习目标

知识目标

1. 熟知常见病的基本知识；
2. 了解幼儿常见病的预防知识；
3. 熟知幼儿常见病的护理知识。

能力目标

1. 能够观察和评估幼儿病情；
2. 能够正确完成幼儿腹泻、上呼吸道感染、手足口病的护理；
3. 能够较好地沟通表达和解决问题。

情感态度价值观

1. 增强责任意识，认识到保育工作的重要性；
2. 在幼儿常见病的处理工作中培养科学、严谨、细心的工作态度；
3. 能够在实际操作中关心爱护幼儿。

任务一　幼儿腹泻的预防与处理

任务导入

午睡结束后，小朋友们陆陆续续地起床了，只有鹏鹏还躺着不肯下床穿衣，老师上前询问，鹏鹏突然哭了，在老师的耐心询问下才知道鹏鹏拉水样便在床上了。原来上午鹏鹏已经开始肚子痛了，午餐进食也不是很好。在老师的帮助下鹏鹏起床了，但是精神状态依然不佳，也不愿和其他小朋友一起玩耍。

思考：鹏鹏可能出现什么疾病？作为保育员应该如何处理？

任务准备

一、腹泻发生的原因

（1）易感因素：①幼儿消化系统发育不够成熟，受不良因素影响时，易引起消化道功能混乱；②幼儿机体防御能力较差，正常肠道菌群对入侵致病微生物的拮抗作用低，易患肠道感染；③人工喂养幼儿，不能从母乳中得到抗肠道感染成分，比母乳喂养儿发生肠道感染率高。

（2）感染因素：①肠道内感染，可由病毒、细菌、真菌、寄生虫引起，以前两者多见，尤其是病毒，占所有感染因素的80%；②肠道外感染，如中耳炎、上呼吸道感染、肺炎、泌尿道感染、皮肤感染和急性传染病的病原体（主要是病毒），也可同时感染肠道。

（3）非感染因素：①食物种类改变太快、食物成分不适宜、过早给予淀粉和脂肪类食品引起腹泻；②过敏引起腹泻，如对牛奶或大豆制品过敏而引起的腹泻；③肠道对糖的吸收不良引起的腹泻；④因受凉、天气过热、消化液分泌减少引起的腹泻。

二、幼儿腹泻的表现

病程小于2周为急性腹泻，病程在2周至2个月为迁延性腹泻，病程长于2个月为慢性腹泻。

轻型腹泻多为饮食因素或肠道外感染引起，以胃肠道症状为主。其主要表现为大便次数增多，患儿食欲不振，腹泻时伴随呕吐或腹痛，一般无脱水及全身中毒症状。重型腹泻多为肠道内感染所致，起病常比较急，除了有较重的胃肠道症状外，还伴有明显的脱水、电解质混乱及全身中毒症状，如发热、烦躁、精神萎靡、嗜睡，甚至休克。

三、幼儿腹泻的预防

（1）注意饮食：避免变质食物的摄入，减少不易消化吸收食物的摄入，防止过食、偏食及饮食结构突然变动。

（2）避免长期滥用广谱抗生素。

（3）注意食物新鲜清洁和食具消毒，避免肠道内感染，教育幼儿饭前便后洗手，不喝生水，不吃不洁净食物，勤剪指甲。

（4）增强体质：及时治疗营养不良、佝偻病，加强体格锻炼，适当进行户外活动。

（5）预防疾病：天气变化时防止受凉或过热，夏天多喝水。

任务实施

物品准备

湿巾、盆、开水、干净柔软的裤子、口服 ORS 溶液、带刻度水杯等。

工作内容

（1）幼儿腹泻次数逐渐减少至停止，大便性状正常。

（2）幼儿臀部皮肤保持清洁，无破损。

（3）幼儿能及时补充液体，未发生脱水现象。

操作要求

（1）动作熟练，保持操作连续性；熟练操作，达到轻、快、温、爽四点要求，即给幼儿脱衣服、擦屁股、洗屁股、换衣服等动作都要轻、快，操作时不能拖泥带水，要迅速利落。

（2）如果是冬天要保证室温、手温、水温、毛巾温，操作完成后要保证幼儿干爽舒适。

（3）控制感染，严格清毒隔离，护理幼儿前后认真洗手，防止交叉感染。

（4）动作轻柔，以免幼儿受到不必要的伤害。给幼儿擦大便的时候需要从前向后擦，尤其是女孩子的阴唇部位是特别容易有粪便残留的，清洗的时候需要检查一下。

（5）协助患儿口服 ORS 溶液补液：宜用温开水冲口服 ORS 溶液，不能分次冲服；服用 ORS 纠正脱水时应注意：腹泻刚开始时，就要给患儿口服更多的液体以预防脱水。每腹泻一次给幼儿口服补液盐 50~100 毫升。

（6）如果幼儿出现腹泻次数和量增加、频繁呕吐、明显口渴、不能正常进食、发热、大便带血等任何一种症状，应及时到医院就诊。

操作流程

一、观察幼儿的情况

观察幼儿的情况的操作步骤及说明如下：

（1）检查幼儿的精神状态，是否出现烦躁、精神萎靡、嗜睡等症状。

（2）检查有无发热，观察是否有恶心、呕吐，以及气体不畅等，生命体征是否平稳，是否有眼窝、前囟下陷，口唇干燥（图10-1-1）等脱水症状。

（3）观察大便次数、颜色、气味、性状、量是否正常，有无泡沫、黏液。

（4）询问排便是否有腹痛，检查肛周皮肤情况。

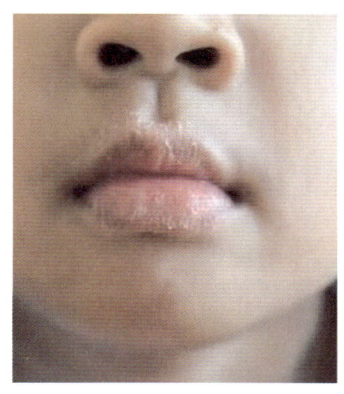

图 10-1-1　幼儿口唇干燥

二、紧急处理

紧急处理（图 10-1-2）的操作步骤及说明如下：

（1）安抚幼儿，消除羞涩感，保护幼儿的自尊心，给幼儿带来安全感。

（2）保育员在清理幼儿大便时，使用湿巾给幼儿擦屁股，不用太大力，但要清理干净，避免细菌感染。

（3）给幼儿擦屁股之后，用一些温热的水清洗，再使用干净的毛巾擦拭，保持臀部干燥。

（4）保育员为幼儿更换干净、柔软的裤子。

（5）保育员协助幼儿口服 ORS 溶液补液。

（如果幼儿出现腹泻次数和量增加、频繁呕吐、明显口渴，不能正常进食、发热、大便带血等任何症状，应及时到医院就诊）。

（a）　　　　　　　　（b）　　　　　　　　（c）

图 10-1-2　紧急处理

（a）用湿巾为幼儿擦屁股；（b）用湿毛巾为幼儿擦屁股；（c）为幼儿更换干净裤子

任务巩固

知识重现

结合所学知识，填写幼儿腹泻的预防与处理任务学习检测表（表10-1-1）。

表10-1-1　幼儿腹泻的预防与处理任务学习检测表

知识与技能点	我的理解（填写关键词）
观察幼儿的情况	1
	2
	3
	4
紧急处理	1
	2
	3
	4
	5

拓展提升

悠悠小朋友入园时妈妈将一份药物交给保育员就因上班赶时间而匆匆离开了。保育员打开药物看到是腹泻相关的药物就询问悠悠是否肚子疼，悠悠回答不疼后，保育员对悠悠的手足做检查后将悠悠带进教室。悠悠中午进食了蔬菜沙拉。在午餐结束后，悠悠突然对老师说肚子疼，老师带悠悠去厕所后发现悠悠腹泻，排便水样，保育员想起悠悠妈妈带来的药物，便拿出给悠悠服用后便安排悠悠午睡。

请问案例中的幼儿园和保育员存在哪些问题？这样做会出现什么后果？身为保育员正确的做法是什么？

学习评价

请同学们根据自己的学习情况完成考评评分表（表10-1-2）。

表10-1-2　考评评分表

考评项目	配分	考评内容	自我评价（40%）	教师评价（60%）
精神状态	5	能根据工作要求，评估幼儿精神状态		
生命体征	10	能根据工作要求，检查幼儿生命体征		
观察大便	5	能根据工作要求，观察幼儿大便情况		
腹痛及肛周	5	能根据工作要求，检查幼儿是否腹痛及肛周情况		

续表

考评项目	配分	考评内容	自我评价（40%）	教师评价（60%）
安抚幼儿	10	能根据工作要求，安抚幼儿		
清理大便	10	能根据工作要求，清理幼儿的大便		
擦拭肛周	10	能根据工作要求，擦拭幼儿的肛周		
更换裤子	10	能根据工作要求，为幼儿更换裤子		
服用补液	15	能根据工作要求，给幼儿服用补液		
职业素养	10	物品准备齐全		
	10	规范操作		
得分				

任务二　幼儿上呼吸道感染的预防与处理

任务导入

小优入园时，小优的妈妈告诉老师，小优前一天晚上出去玩衣物穿少了，今早起床后有鼻塞、流鼻涕现象，还有轻微咳嗽，但是现在好多了。午餐时保育员发现小优进餐少，食欲减退，之后老师也观察到小优有流涕等症状。

思考： 作为保育员，我们该如何护理小优？又该做哪些准备呢？在工作中有哪些注意事项？

任务准备

急性上呼吸道感染简称上感，俗称感冒，包括流行性上感和一般类型上感，是幼儿最常见的疾病，主要指鼻、鼻咽和咽部的急性感染，秋冬季为发病高峰季节，全年可见。

一、急性上呼吸道感染的原因

急性上呼吸道感染90%以上是由病毒引起，主要有流感病毒、副流感病毒等。病毒感染后也可继发细菌感染。上呼吸道感染的影响因素很多，如免疫功能、季节、气候、年龄、喂养、居住条件等。

二、急性上呼吸道感染的表现

幼儿感染后病情轻重不一，与年龄、病因和机体抵抗力不同有关。

上呼吸道感染主要是鼻咽部症状，常于受凉后 1~3 日出现流涕、鼻塞、喷嚏、咽部不适、干咳与不同程度的发热，可伴有头痛、食欲减退、乏力、全身酸痛等，一般病程为 3~5 日。

三、上呼吸道感染的预防

（1）在托育机构中，应早期隔离幼儿，如有流行趋势，可用食醋熏蒸法为居室消毒。

（2）对反复发生上呼吸道感染的幼儿应注意加强体育锻炼，多进行户外活动。

（3）幼儿穿衣要适当，以逐渐适应气温的变化，避免过热或过冷。

（4）在流行季注意个体防护，减少聚集、勤洗手、适当佩戴口罩。

任务实施

物品准备

体温计、温水及水杯、棉签、消毒剂等。

工作内容

（1）缓解幼儿流涕、鼻塞、头痛等不适。

（2）幼儿舒适度提高，配合治疗和护理。

操作要求

（1）注意通风，保持室内空气清新，室温 18~22℃，湿度 50%~60%，维持室温，为病房消毒，进行通风处理，并严格进行室内地板和物品表面的消毒。

（2）保证充足的营养和水分。鼓励患儿多喝水，给予易消化高营养饮食，宜少食多餐并经常变换食物种类。进食清淡的食物，避免进食辛辣刺激性食物。

（3）各种治疗护理操作尽量集中进行，保证患儿有足够的休息时间。

（4）注意观察咽部充血、水肿、化脓情况，保证幼儿能够吸吮。

（5）加强与患者的沟通，给予患儿安抚，提高其依从性，多鼓励患儿，消除患儿对药物和其他治疗的内心恐惧，以配合治疗和护理。

操作流程

一、观察幼儿的情况

观察幼儿的情况的操作步骤及说明如下：

（1）检查幼儿的精神状态，是否有头痛、食欲减退、乏力、全身酸痛现象，幼儿心理状态如何。

（2）检查幼儿的生命体征、鼻咽部症状，观察是否有流涕、鼻塞、打喷嚏、咽部不适、干咳等症状，测量体温，查看是否发热。

二、紧急处理

紧急处理（图 10-2-1）的操作步骤及说明如下：

（1）测量幼儿体温，给予幼儿物理降温（降温效果不理想按照保健医的建议给予退热药并在出汗后更换衣服）。

（2）园所消毒隔离，注意通风并严格进行室内地板和物品表面的消毒。

（3）保证充足的营养及水分。鼓励幼儿多喝水，进食清淡的食物，避免进食辛辣刺激性食物。

（4）每餐后用温水或生理盐水清洗口腔。

（5）及时清除鼻腔及咽部分泌物。鼻塞严重可以滴入麻黄素滴鼻液。注意观察咽部充血、水肿、化脓情况，不适时可给予润喉含片或雾化吸入。

（6）保证患儿有足够的休息时间，治疗操作集中进行。

（7）加强与幼儿的沟通，给予适当安抚，多鼓励患儿，消除幼儿对药物和其他治疗方式的恐惧，达到积极配合治疗和护理的效果。

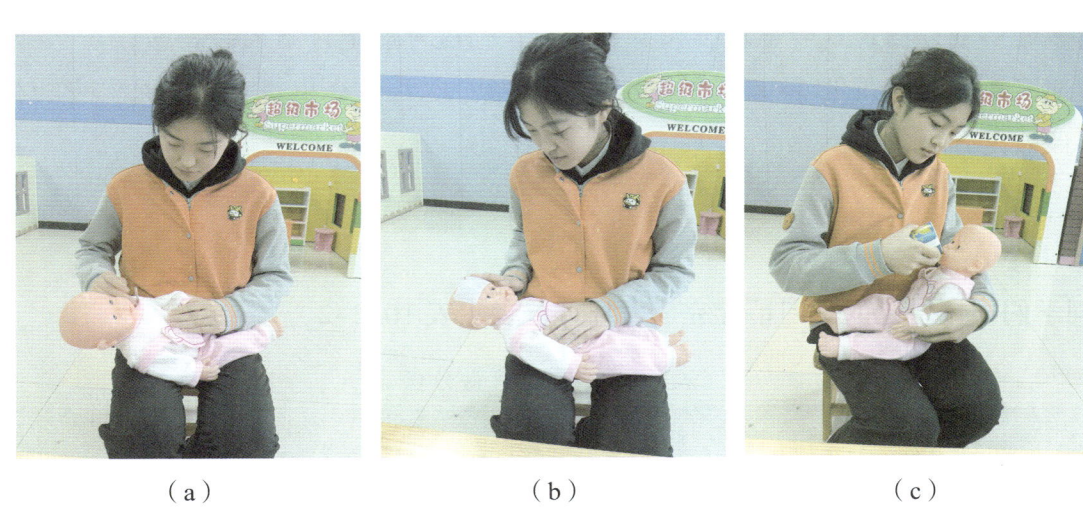

（a）　　　　　　　　　（b）　　　　　　　　　（c）

图 10-2-1　紧急处理
（a）为幼儿测量体温；（b）为幼儿物理降温；（c）给幼儿喝水

任务巩固

知识重现

结合所学知识，填写幼儿上呼吸道感染的预防与处理任务学习检测表（表 10-2-1）。

表 10-2-1　幼儿上呼吸道感染的预防与处理任务学习检测表

知识与技能点	我的理解（填写关键词）
观察幼儿的情况	1
	2

续表

知识与技能点	我的理解（填写关键词）
紧急处理	1
	2
	3
	4
	5
	6
	7

拓展提升

> 幼儿园小班的鹏鹏同学最近有咳嗽、流涕的现象，鹏鹏妈妈说肯定是晚上又踢被子了，然后交给保育员几袋感冒冲剂。早饭后保育员给鹏鹏服药后，鹏鹏就正常和其他小朋友一起上课了。第二天保育员发现又有两位小朋友出现咳嗽、流涕等症状，之后几天越来越多的小朋友出现这种症状，保育员才意识到这可能是传染性的流感。
>
> 请问案例中的幼儿园和保育员存在哪些问题？这样做会出现什么后果？身为保育员正确的做法是什么？

学习评价

请同学们根据自己的学习情况完成考评评分表（表10-2-2）。

表10-2-2 考评评分表

考评项目	配分	考评内容	自我评价（40%）	教师评价（60%）
精神状态	8	能按照工作要求，评估幼儿的精神状态		
生命体征	8	能按照工作要求，检测幼儿的生命体征		
测量体温	8	能按照工作要求，测量幼儿的体温		
物理降温	8	能按照工作要求，为幼儿物理降温		
清理分泌物	8	能按照工作要求，为幼儿清理分泌物		
适当饮食	8	能按照工作要求，为幼儿安排适当饮食		
餐后清理	8	能按照工作要求，完成餐后清洗		
保证休息	8	能按照工作要求，保证幼儿休息		
关爱患儿	8	能按照工作要求，与患儿沟通		
消毒通风	8	能按照工作要求，消毒通风		
职业素养	10	物品准备齐全		
	10	规范操作		
得分				

任务三　幼儿手足口病的预防与处理

任务导入

入园时鹏鹏妈妈告诉保育员鹏鹏有点发烧，并为鹏鹏准备了感冒药、退烧药，让保育员早餐后给鹏鹏服用。可是早餐时鹏鹏不肯吃饭，在保育员追问下，鹏鹏说嘴巴痛，保育员检查鹏鹏才发现鹏鹏嘴巴里有水泡，体温也偏高。

思考： 在幼儿身体出现不适症状时，作为鹏鹏的保育员，我们应该做哪些工作？在工作中有哪些注意事项呢？

任务准备

一、手足口病的流行病学

1. 传染源

患病幼儿和隐性感染者为主要传染源，手足口病隐性感染率高。肠道病毒适合在湿、热的环境下生存，可通过感染者的粪便、咽喉分泌物、唾液和疱疹液等广泛传播。

2. 传播途径

密切接触是手足口病重要的传播方式，通过接触患者肢体或是被病毒污染的毛巾、牙杯、玩具、食具以及床上用品、内衣等引起感染；还可通过呼吸道飞沫传播等引起感染；此外，饮用或食用被病毒污染的水和食物也会感染。

二、手足口病的表现

手足口病的潜伏期多为 2~10 日，平均 3~5 日。根据疾病的发生发展过程，临床症状体征将手足口病分期、分型如下：

初期常见症状主要表现为发热，手、足、口、臀等部位出疹，可伴有咳嗽、流涕、食欲不振等症状。严重者可见中枢神经系统损害，多发生在病程 1~5 日内，表现为精神差、嗜睡、吸吮无力、易惊、头痛、呕吐、烦躁、肢体抖动、肌无力、颈项强直等。重症可能出现心率和呼吸增快、出冷汗、四肢末梢发凉、皮肤发花、血压升高、口唇紫绀、咳粉红色泡沫痰或血性液体、血压降低或休克。部分手足口病例在病后 2~4 周有脱甲的症状，新甲于 1~2 月长出。

大多数患儿愈后良好，一般在 1 周内痊愈，无后遗症。少数患儿发病后迅速累及神经系统，表现为脑干脑炎、脑脊髓炎等，发展为循环衰竭、神经源性肺水肿。

三、手足口病的预防

（1）接种EV71型灭活疫苗，适用于6个月至5岁儿童，鼓励在12月龄前完成接种。

（2）养成良好的个人卫生习惯：勤洗手、不与他人共用毛巾或其他个人用品。

（3）饮食卫生。喝开水，不喝生水；吃烧熟煮透的食物，不吃污染的、生的或是不洁食物。

（4）清洁消毒：开窗通风、勤晒太阳。经常清洁和消毒（含氯消毒剂）常接触的物品及物体表面。

（5）避免与患儿密切接触，如亲吻、拥抱等。

（6）打喷嚏或咳嗽时用纸巾遮住口鼻，随后将纸巾包裹好丢入有盖的垃圾桶内。

（7）手足口病流行期间，幼儿应避免参加集体活动。

任务实施

物品准备

消毒剂、手电筒、医用棉签、压舌板、体温计、温水、退热贴、甲紫溶液或抗生素软膏等。

工作内容

（1）识别幼儿手足口病。

（2）正确实施幼儿手足口病的防护。

（3）缓解幼儿不适感。

操作要求

（1）幼儿每日常接触的桌椅、玩具、地面等，每周用含氯消毒剂消毒1~2次。患儿的分泌物、呕吐物或排泄物以及被其污染的物品或环境，清洁后要及时用含氯消毒液进行擦拭消毒，接触患儿前后要洗手。

（2）饮食护理：患儿应注意休息，多饮温开水。饮食应清淡，宜食用易消化、富含维生素的流质或半流质食物，如粥类、牛奶等。饮食定时定量，少吃零食。口腔有糜烂时宜进流质食物，禁食冰冷、辛辣刺激性食物。

（3）发热护理：密切监测患儿体温，低热或中等发热者无须特殊处理，鼓励患儿多饮水。体温超过38.5℃者，遵医嘱使用退热剂。高热者要注意防止高热惊厥的发生。

（4）口咽部疱疹护理：保持口腔清洁，进食后用温开水或生理盐水漱口，口腔有糜烂可遵医嘱涂金霉素鱼肝油，或用西瓜霜、冰硼散吹敷口腔患处，每日2~3次。口腔疼痛时可涂利多卡因凝胶或含一块小冰块，以起到止痛的作用。

（5）皮肤疱疹护理：患儿衣被不宜过厚，衣着应宽松柔软，保持衣被清洁干燥。剪短患儿指甲，必要时包裹双手，防止其抓破皮疹，引起感染。避免用沐浴露、肥皂清洁皮肤，以防止刺激皮肤。疱疹未破者，可用炉甘石洗剂涂擦，疱疹破裂者，局部涂抹抗生素软膏，以预防感染。臀部有皮疹的患儿，保持其臀部清洁干燥，及时清理患儿的大小便。

（6）注意观察患儿在家治疗期间的病情变化，患儿出现持续发热、精神不好、易惊、肢体颤动、呕吐等症状，要及时到医院就诊，以防止发展成重症病例。

操作流程

一、识别幼儿手足口病

识别幼儿手足口病（图10-3-1）的操作步骤及说明如下：

（1）了解幼儿有无发热、流涕、咳嗽等症状及持续时间，了解进食情况，了解幼儿有无类似病人接触史及接触时间。

（2）检查幼儿手、足、臀部有无皮疹以及有无痒感，检查幼儿口腔内有无疱疹。

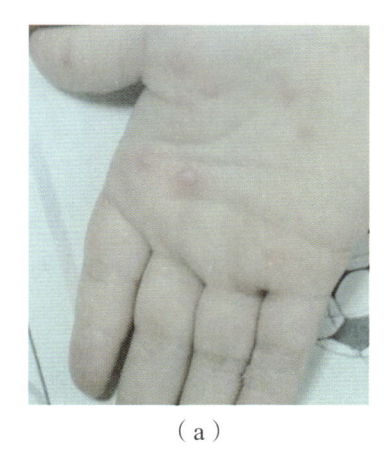

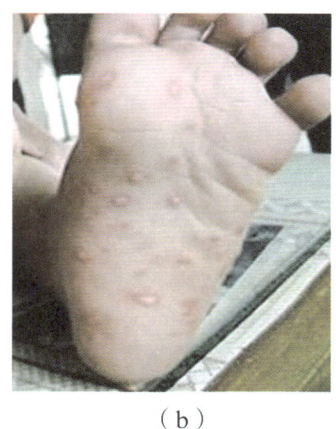

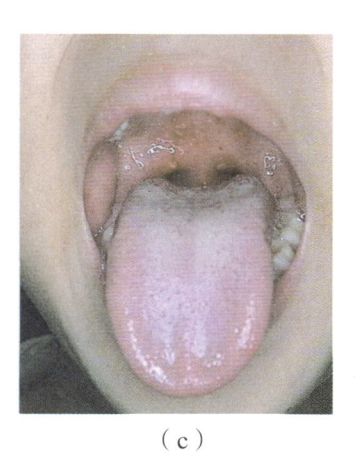

（a）　　　　　　　　（b）　　　　　　　　（c）

图10-3-1　识别幼儿手足口病
（a）手部出疹；（b）脚丫出疹；（c）咽喉出疹

二、紧急处理

紧急处理（图10-3-2）的操作步骤及说明如下：

（1）隔离幼儿至被家长接回家（皮疹消退后1周可返园）。

（2）测量幼儿体温。

（3）体温超过38.5℃者，应用退热贴予以物理降温，并观察退热效果。

（4）根据幼儿的情况选择适合的饮食，饮食宜清淡。

（5）保持口腔清洁，进食后用温开水或生理盐水为幼儿漱口。

（6）幼儿口腔有糜烂时可遵医嘱涂金霉素或鱼肝油，每日2~3次；疱疹破裂者，局部用1%甲紫或抗生素软膏。

（7）防止幼儿抓挠。剪短幼儿指甲；避免用沐浴露、肥皂清洁皮肤等。

（8）幼儿接触过的玩具、餐具等物品要彻底消毒。

（9）幼儿出现持续发热、精神不好、易惊、肢体颤动、呕吐等症状，要及时到医院就诊，以防止发展成重症病例。

（a） （b） （c）

图 10-3-2 紧急处理
（a）辅助幼儿餐后漱口；（b）贴退热贴降温；（c）给玩具消毒

任务巩固

知识重现

结合所学知识，填写幼儿手足口病的预防与处理任务学习检测表（表 10-3-1）。

表 10-3-1 幼儿手足口病的预防与处理任务学习检测表

知识与技能点	我的理解（填写关键词）
识别幼儿手足口病	1
	2
紧急处理	1
	2
	3
	4
	5
	6
	7
	8
	9

拓展提升

幼儿园入园时，鹏鹏妈妈急匆匆带鹏鹏来，说鹏鹏昨晚开始有点发烧，将鹏鹏和感冒药、退烧药交给老师就急忙赶去上班了。老师摸摸鹏鹏额头确实发烧了，就将鹏鹏安排到角落休息，等吃完早饭再给鹏鹏吃药。可是早餐时间鹏鹏一直不肯吃饭。老师只好给鹏鹏喂饭，但鹏鹏哭了，说嘴巴痛，老师检查才发现鹏鹏口腔内有水疱，再检查鹏鹏的手足发现都出现了皮疹。老师想联系家长将鹏鹏接回家，但是一时联系不到，就将鹏鹏安置到活动室的角落等待。

请问案例中的幼儿园和老师存在哪些问题？正确的处理方法是什么？

学习评价

请同学们根据自己的学习情况完成考评评分表（表10-3-2）。

表10-3-2 考评评分表

考评项目	配分	考评内容	自我评价（40%）	教师评价（60%）
了解情况	5	能按照工作要求，了解幼儿的情况		
检查手足等	5	能按照工作要求，检查幼儿的手足等		
隔离幼儿	6	能按照工作要求，隔离幼儿		
测量体温	6	能按照工作要求，为幼儿测量体温		
退热	6	能按照工作要求，给幼儿退热		
饮食清淡	6	能按照工作要求，给幼儿提供清淡饮食		
保持口腔卫生	6	能按照工作要求，保持幼儿口腔卫生		
涂药	10	能按照工作要求，给幼儿涂药		
剪短指甲	10	能按照工作要求，给幼儿剪短指甲		
消毒	10	能按照工作要求，给班级消毒		
及时送医	10	能按照工作要求，及时将幼儿送医		
职业素养	10	物品准备齐全		
	10	规范操作		
得分				

项目总结

- **幼儿常见病的预防与处理**
  - 幼儿腹泻的预防与处理
    - 检查精神状态
    - 检查生命体征
    - 观察大便情况
    - 安抚幼儿
    - 检查肛周
    - 用湿巾擦屁股
    - 用温水擦屁股
    - 更换柔软衣物
    - 服用补液
  - 幼儿上呼吸道感染的预防与处理
    - 检查精神状态
    - 检查症状
    - 测量体温
    - 物理降温
    - 清理分泌物
    - 鼓励喝水
    - 温水清洗
    - 保证休息
    - 安抚幼儿
    - 为园所消毒
  - 幼儿手足口病的预防与处理
    - 了解相关情况
    - 检查身体情况
    - 隔离幼儿
    - 测量体温
    - 物理降温
    - 饮食清淡
    - 口腔清洁
    - 适当用药
    - 清洁卫生
    - 消毒用物
    - 重症送医

项目十一 幼儿常见意外事故的预防与处理

幼儿园意外事故是指幼儿在幼儿园期间处于幼儿园管理范围内所发生的人身伤害事故。幼儿天性好动，随心所欲，对周围的事务有浓厚的兴趣，但缺乏知识和生活经验，自我保护意识和能力较差，对周围环境的危险缺乏认识，容易受到意外伤害。幼儿在园发生意外伤害，是幼儿园家长最不愿意看到的。意外伤害总是突然发生，让保育员手足无措，需要冷静思考意外伤害发生的原因以及如何能切实有效地减少伤害事故的发生，使幼儿生活在一个安全健康的环境中。

学习目标

知识目标

1. 识别意外伤害的危险因素；
2. 叙述幼儿各种意外伤害处理的注意事项；
3. 了解幼儿食物中毒的表现；
4. 能正确完成幼儿外伤出血的初步处理；
5. 能正确完成幼儿烫伤的初步处理。

能力目标

1. 掌握幼儿外伤出血初步处理的方法；
2. 掌握幼儿扭伤现场救护的方法；
3. 掌握幼儿烫伤紧急处理的方法；
4. 掌握幼儿肢端扭伤初步处理的方法；
5. 掌握幼儿食物中毒现场救护的方法。

情感态度价值观

1. 具有发现幼儿安全风险的敏锐性和责任心；
2. 具有冷静、果断地发现问题和解决问题的能力；
3. 具有良好的人际沟通和组织协调能力；
4. 能在处理幼儿意外事故时关心爱护幼儿，体现人文关怀素养。

任务一　幼儿外伤出血的预防与处理

任务导入

在幼儿园的手工课上，小宝用剪刀剪纸，旁边的明明想要看清楚小宝的动作，就用手推小宝的胳膊，小宝手中的剪刀碰到了另一只胳膊，鲜血瞬间流了出来，小宝大声哭了起来。

思考： 作为保育员该如何处理这种情况？在工作中有哪些注意事项呢？

任务准备

一、外伤出血常见的原因

（1）幼儿不小心蹭破头面部以及肢体表面的擦伤；
（2）刀、剪、玻璃片等锋利器具造成的四肢的切割伤；
（3）钉子、针等锐利物品导致手被刺伤。

二、外伤出血的预防

（1）清除园内房屋、场地、玩教具的不安全因素。拐角、器械边角要圆滑，墙面要软处理。大型玩具每天检查一次，发现隐患立即停止使用，及时修复。
（2）幼儿在户外活动时要随时观察每个幼儿。活动范围不要太分散，要在保育员和教师的视线内，避免因过于疲劳或保护不到而造成意外事故的发生。小班户外活动时间或地点要与中班、大班分开。
（3）幼儿使用的设备要稳固。桌椅板凳没有毛刺，饮水桶、毛巾架等要固定好。
（4）剪子、刀子、针等锐利物品要放在成人专用材料柜内或是储藏室等幼儿触摸不到的地方。
（5）通过游戏形式，经常对幼儿进行安全教育，增强他们的安全意识，逐渐使他们过渡到自我保护阶段。

任务实施

物品准备

纱布、胶布、创可贴、棉签、络合碘消毒液、绷带、消毒剂等。

工作内容

（1）幼儿外伤出血。

（2）幼儿伤口处理良好，未发生感染。

操作要求

人体具有止血功能，发生缓慢少量地出血，多可自行止血。发现幼儿外伤出血不必惊慌，应先安慰幼儿，再及时进行处理。任何皮肤创伤，即使是轻微的擦伤，也可能成为细菌侵入的窗口。因此外伤出血的处理非常重要，应根据不同的情况选择不同的处理方式。常用的止血方法有加压包扎止血、指压止血、填塞止血等。一般首选加压包扎止血法。

（1）擦伤：幼儿不慎跌倒在粗糙的路面，路面的泥沙会嵌入创面，容易造成伤口感染。清洁创面后，用络合碘消毒创面，贴上创可贴或纱布包扎，定时更换。若擦伤面积较大或面部擦伤，应及时送医院处理。

（2）刺伤：钉子、针等锐利物品可导致皮肤的刺伤，扎伤由于创口很小，非常容易被忽视，但最容易受感染。刺伤后不要立即按压止血，最好挤出一点鲜血。生锈物品刺伤无论伤口大小，都有感染破伤风的危险，应送医院及时处理。

（3）切割伤：刀、剪、玻璃片或锋利的器具可造成皮肤的切割伤。包扎是最常用的止血方法，即用干净的纱布覆盖在伤口，用绷带缠绕或用手压在敷料上5~10分钟，依靠压力止血。同时让幼儿坐下或躺下，抬高伤肢，使伤口高于心脏位置。若仍有出血，可能伤及动脉血管，应立即送医院处理。

操作流程

一、观察幼儿的情况

观察幼儿的情况的操作步骤及说明如下：

（1）询问幼儿伤口出血的原因。

（2）检查幼儿伤口出血的部位及出血速度。

二、急救处理

急救处理（图11-1-1）的操作步骤及说明如下：

（1）让受伤的幼儿坐下或躺下，暴露伤口。

（2）对于擦伤或刺伤，首先检查创面是否有残留物。如创面有残留物等，用流动的清水冲洗污物。

（3）用络合碘消毒伤口（禁用碘酒和酒精消毒，以免刺激伤口）。用棉签蘸络合碘消毒液对伤口及周边消毒。

（4）伤口出血较多，可采用直接压迫止血法。用干净的纱布覆盖在伤口，用手直接按压在敷料上。小面积擦伤渗血可用棉签压迫止血，贴创可贴。

（5）用绷带缠绕加压包扎。（对四肢伤口常用环形包扎法）从肢体远端向近端做环形重叠缠绕包扎，不少于两周。

（6）包扎后必须检查手指末端的血液循环，观察伤肢端有无发绀或肿胀情况。

（7）抬高伤肢，高于心脏位置。

（8）安抚幼儿情绪，安排幼儿休息。

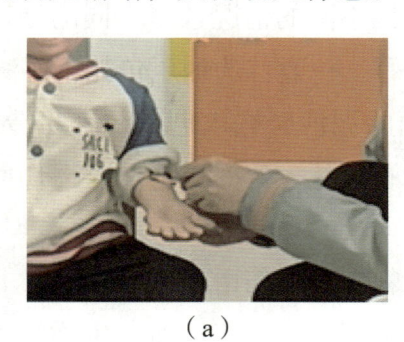

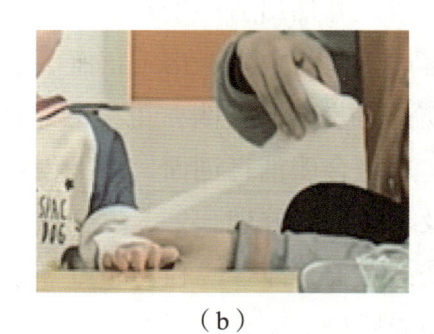

（a） （b）

图 11-1-1　急救处理
（a）用络合碘消毒液消毒伤口；（b）环形包扎

任务巩固

知识重现

结合所学知识，填写幼儿外伤出血的预防与处理任务学习检测表（表 11-1-1）。

表 11-1-1　幼儿外伤出血的预防与处理任务学习检测表

知识与技能点	我的理解（填写关键词）
观察幼儿的情况	1
	2
紧急处理	1
	2
	3
	4
	5
	6
	7
	8

拓展提升

幼儿园里老师正在讲课，鹏鹏不知道从哪里掏出一把小刀，用它不停地在桌边滑动，旁边的明明看到了说鹏鹏不要玩小刀，见鹏鹏不听，明明就伸手去抢，在两人争夺时，老师赶紧制止，但是分开两人的时候明明的手指已经被割破，流血不止。老师急忙找到纱布给明明紧紧地包扎上。

请问案例中的幼儿园和老师存在哪些问题？这样做会出现什么后果？身为幼儿教师正确的做法是什么？

学习评价

请同学们根据自己的学习情况完成考评评分表（表11-1-2）。

表 11-1-2　考评评分表

考评项目	配分	考核内容	自我评价（40%）	教师评价（60%）
询问原因	5	能按照工作要求，询问幼儿的病因		
检查伤口	5	能按照工作要求，检查幼儿的伤口		
清洁创面	10	能按照工作要求，清洁幼儿的创面		
流动水冲洗	10	能按照工作要求，冲洗幼儿的伤口		
碘消毒	10	能按照工作要求，为幼儿的伤口消毒		
调整幼儿体位	5	能按照工作要求，调整幼儿体位		
止血包扎	15	能按照工作要求，为幼儿止血包扎		
检查包扎处	10	能按照工作要求，检查幼儿的包扎处		
抬高患肢	5	能按照工作要求，抬高幼儿的患肢		
安抚幼儿	5	能按照工作要求，安抚幼儿的情绪		
职业素养	10	物品准备齐全		
	10	规范操作		
		得分		

任务二　幼儿烫伤的预防与处理

任务导入

在幼儿进餐时，小朋友们都在餐桌边安静地等待，突然明明跑过来，想要伸手去抢保育员手中的粥，结果两个人都没有拿住碗，滚烫的粥洒在明明的胳膊上、手上，明明大哭起来。

思考：作为保育员在组织幼儿进餐时需要注意哪些问题？要如何对明明的烫伤进行处理？

任务准备

一、烫伤的因素

烫伤是由无火焰的高温液体、固体、蒸汽等所所致的组织损伤，也可能出现低热烫伤，是因为皮肤长时间接触高于体温的低热物体而造成的烫伤。接触70℃的温度持续1分钟，皮肤可能就会被烫伤；接触60℃的温度持续5分钟以上也有可能造成烫伤。因为幼儿活泼好动，好奇心重，没有安全意识，所以幼儿烫伤事件常有发生。

二、幼儿烫伤的临床表现

只有掌握烫伤后的临床表现，才能对烫伤程度作出正确判断，并采取相应的处理措施，通常以三度四分法对皮肤烫伤进行分类。

（1）浅Ⅰ度烫伤。仅伤及表皮浅层，生发层健在。表面红斑状、干燥，有烧灼感。再生能力强，3~7天脱屑痊愈，短期内可有色素沉着。

（2）浅Ⅱ度烫伤。伤及表皮的生发层和真皮乳头层。局部红肿明显，有大小不一的水疱形成，内含淡黄色澄清液体，水疱皮若剥脱，创面红润、潮湿、疼痛明显。创面靠残存的表皮生发层和皮肤附件的上皮再生修复，如无感染，创面可于1~2周内愈合，一般不留疤痕，但可有色素沉着。

（3）深Ⅰ度烫伤。伤及真皮乳头层以下，但仍残留部分网状层，深浅不一，也可有水疱，但去水疱皮后，创面微湿，红白相间，痛觉较迟钝。

（4）Ⅲ度烫伤。又称为焦痂型烫伤。全层皮肤受损，可深达肌肉甚至骨骼、内脏器官等。创面蜡白或焦黄，甚至炭化。硬如皮革，干燥，无渗液，发凉，针刺和拔毛无痛感，可见粗大栓塞的树枝状血管网。皮肤及其附件全部被毁，3~4周后焦痂脱落形成肉芽创面，创面修复有赖于植皮，较小的创面也可由残存的皮肤自行生长修复。

三、烫伤后的治疗原则

烫伤后应尽早保护受伤区域，防止外源性污染；预防及治疗因创面渗出而致低血容量性休克；预防和治疗局部及全身感染；促使创面早日愈合，尽量减少因瘢痕而造成的功能障碍、畸形。

四、幼儿烫伤的预防

（1）幼儿洗手前保育员先试水温，温度适宜再让幼儿洗手。
（2）用餐涉及热汤、热粥等食物，待到温度适宜再端入班内，并放在安全的地方。
（3）分餐时不要越过幼儿头顶传递，要从幼儿身体侧面送到幼儿面前。
（4）保育员提开水壶或开水桶时须加盖，要注意避免烫伤周围玩耍的幼儿，幼儿饮水的温度也要适宜，以防烫伤幼儿。
（5）开水等要注意放在幼儿拿不到的地方。
（6）幼儿不得出入厨房，不得接近有电、煤气、热水的地方。

任务实施

物品准备

工作服、消毒剂、敷料若干、剪刀1把、面盆1个、扫帚、簸箕等。

工作内容

（1）幼儿烫伤面得到初步处理。
（2）如情况严重将幼儿转送至医院。

操作要求

迅速脱离危险环境是烫伤处理的关键措施，保护创面、及时冷疗。冷疗能防止热力继续作用于创面使其加深，并可减轻疼痛、减少渗出和水肿，越早效果越好，一般适用于中小面积烫伤，特别是四肢烫伤。在幼儿烫伤时，可按照"冲、脱、泡、盖、送"五个步骤在现场进行初步处理。

冲：用自来水、流动的清水等充分淋洗烫伤处，以快速降低皮肤表面热度。一般冲洗15~20分钟，直至疼痛感明显缓解。

脱：小心脱去创面外的衣物，必要时可用剪刀剪开。衣物紧贴创面时，应暂时保留，切忌强行剥脱而损伤创面。

泡：将创面继续浸泡于冷水中30分钟，以进一步降低热度和减轻疼痛感。但烫伤面积较大时，不应浸泡过久，以免延误治疗时机。

盖：用干净敷料或布类覆盖创面，保护创面不再污染和损伤。避免用有色药物涂抹创面，以免影响对烧伤深度的判断。切忌涂抹酱油、牙膏等非医用物品，以免刺激创面、加重伤情或增加感染机会等。

送：保育员或教师等应将患儿尽快送至医院，接受进一步检查和治疗。在转送时，应注意保护创面，勿使创面受压。Ⅰ度烫伤创面只需保持创面清洁，无须特殊处理，能自行消退。

操作流程

一、观察幼儿的情况

观察幼儿的情况（图 11-2-1）的操作步骤及说明如下：

（1）询问烫伤发生的原因、时间、部位。

（2）评估烫伤的深度、程度。

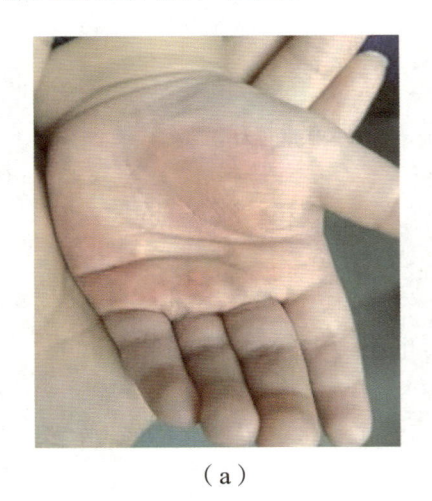

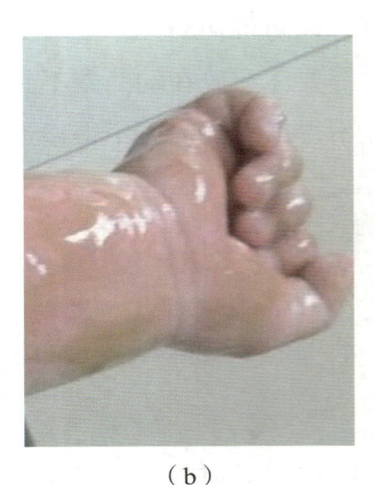

（a） （b）

图 11-2-1　观察幼儿的情况
（a）幼儿浅Ⅰ度烫伤；(b) 幼儿浅Ⅱ度烫伤

二、急救处理

急救处理（图 11-2-2）的操作步骤及说明如下：

（1）安抚幼儿情绪，找到清水冲淋装置。

（2）用流动的清水淋洗烫伤处。注意水流速度大小，避免水流过快造成创面损伤，一般冲洗 10~15 分钟，直至疼痛感明显缓解。（如烫伤处覆盖衣物，需先用冷水冲淋再除去衣物，必要时用剪刀剪开创面外覆盖的衣物。）

（3）将创面继续浸泡于冷水中 30 分钟，以进一步降低热度和减轻疼痛感。（如有水疱破裂不可浸泡，改为冰敷。）

（4）用敷料或无菌布类覆盖创面进行简单包扎，保护创面、防止污染。

（5）安抚幼儿情绪，安排幼儿休息。（烫伤面积大、严重烫伤时，应将患儿送至医院，接受进一步检查和治疗。）

（a） （b）

图 11-2-2　急救处理

（a）用清水淋洗烫伤处；（b）用敷料包扎

任务巩固

知识重现

结合所学知识，填写幼儿烫伤的预防与处理任务学习检测表（表 11-2-1）。

表 11-2-1　幼儿烫伤的预防与处理任务学习检测表

知识与技能点	我的理解（填写关键词）
观察幼儿的情况	1
	2
紧急处理	1
	2
	3
	4
	5

拓展提升

为方便给幼儿盛饭，保育员把装满面条的热气腾腾的桶放到教室的中间，再给每个孩子盛到碗里，小朋友们都安静地坐在餐桌边等待，悠悠小朋友看到旁边小朋友的面前放的面条里有自己喜欢的荷包蛋，就迫不及待地去抢，旁边小朋友赶紧护住自己的碗，两个人争夺起来，滚烫的面条带着汤汁一下子洒在悠悠的胸前，悠悠疼得哭了起来。保育员听到哭声赶紧将悠悠带到一边，批评了他。检查悠悠的身体发现前胸皮肤只是有点红，保育员就继续给其他小朋友发饭，让悠悠在一边等待。

请问案例中的保育员存在哪些问题？这样做会出现什么后果？身为保育员正确的做法是什么？

> **学习评价**

请同学们根据自己的学习情况完成考评评分表（表11-2-2）。

表11-2-2　考评评分表

考评项目	配分	考评内容	自我评价（40%）	教师评价（60%）
询问情况	10	能按照工作要求，询问幼儿的情况		
评估伤情	10	能按照工作要求，评估幼儿的伤情		
安抚幼儿	5	能按照工作要求，安抚幼儿		
流动水冲洗	10	能按照工作要求，冲洗幼儿的创面		
检查创面	10	能按照工作要求，检查幼儿的创面		
创面浸水	10	能按照工作要求，将幼儿的创面浸在水里		
覆盖创面	10	能按照工作要求，覆盖幼儿的创面		
包扎	10	能按照工作要求，为幼儿包扎		
安排幼儿休息	5	能按照工作要求，安排幼儿休息		
职业素养	10	物品准备齐全		
	10	规范操作		
得分				

任务三　幼儿肢端扭伤的预防与处理

> **任务导入**

幼儿园早间的活动课上，小优在和小朋友们一起玩耍的时候，快速地往外跑，一不小心右脚崴了一下，摔倒了，但是小优爬起来和小朋友们继续玩耍，没有告诉老师。午睡之后，小优下床时，右脚不敢踩地，老师才发现小优的右脚已经肿了。

思考：保育员在幼儿活动中的工作包括哪些内容？保育员又该如何处理小优的伤情？

> **任务准备**

一、扭伤发生的原因

扭伤在生活中很常见，在外力作用下，关节骤然向一侧活动而超过其正常活动度时，引起关节周围软组织发生撕裂伤，称为关节扭伤。因幼儿身体发育水平不完善，幼儿刚学走路，往往走不稳，又爱跑，缺少防护意识，更易受伤，且受伤多发生在足踝、手腕等部位。

二、扭伤的表现

关节扭伤后局部会发生关节肿胀、疼痛、走路跛行或不能着地步行等现象，有时可见皮下瘀血斑。保育员一定要熟知关节扭伤后有哪些表现，不要以为扭伤时问题不大，休息一下就没事了，不当处理可能会造成严重后果。

三、扭伤的预防

（1）游戏运动中注意安全，不要让幼儿推、拉、碰撞同伴。
（2）保育员在组织活动前应适当地进行热身训练。

任务实施

物品准备

纱布、毛巾、凡士林、冰水及盛放容器、绷带等。

工作内容

（1）减轻幼儿疼痛感。
（2）减轻幼儿肢体局部肿胀。

操作要求

关节扭伤如导致韧带撕裂等问题，不重视可能影响正常行走，因此在幼儿扭伤后，保育员需要注意观察，认真对待。

（1）幼儿扭伤发生后应禁止活动，坐下或躺平，同时抬高患肢。
（2）扭伤初期48小时内应采取冷疗，采用湿冷敷或冰敷法进行局部冷疗，可起到止血消炎止痛消肿的作用，若有皮肤破损应注意采用无菌操作。
（3）扭伤发生48小时后进行热敷，局部热敷或用活血通络的中药外洗、浸泡。
（4）如果幼儿扭伤严重，应带其到医院拍片检查。

操作流程

一、观察幼儿的情况

观察幼儿的情况（图11-3-1）的操作步骤及说明如下：
检查幼儿踝关节局部的疼痛、肿胀程度，关节是否畸形，排除骨折和脱位。

（a） （b）

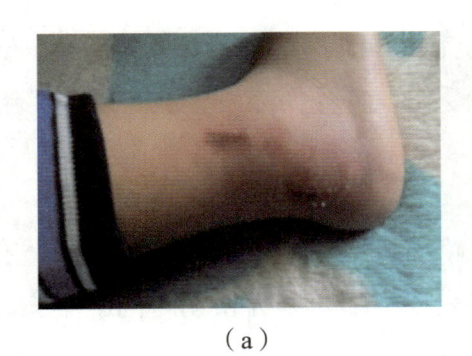

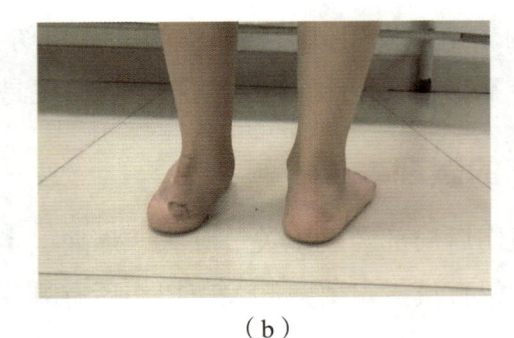

图 11-3-1 观察幼儿的情况
（a）扭伤处肿胀；（b）扭伤关节畸形

二、急救处理

急救处理（图 11-3-2）的操作步骤及说明如下：

（1）避免幼儿受伤关节活动，让幼儿坐下或躺平。

（2）冷敷：早期（受伤后 48 小时内）局部可用湿冷敷或冰敷。湿冷敷：在患处皮肤涂凡士林。将毛巾折叠成损伤部位大小，放在冰水或冷水中浸湿，拧成半干，以不滴水为宜，敷盖于患处。每隔 3~5 分钟更换一次，连续 15~20 分钟，最好有两块毛巾交替使用。（如冰敷注意不要冻伤，每次冰敷不宜超过 20 分钟，间隔不少于 2 小时）让受伤部位温度降低，可以减少皮下出血或肿胀，减轻炎症反应和肌肉痉挛，缓解疼痛，抑制肿胀。

（3）用绷带包扎压迫扭伤部位，有助于保护和固定受伤关节，使用弹性绷带包裹受伤的关节，适当加压，以减轻肿胀，注意不要过度加压，否则会加重包裹处远端肢体的肿胀、缺血。

（4）抬高患肢，促进血液回流，减轻肿胀、疼痛，促进软组织损伤的恢复。

（5）观察幼儿情况，安排幼儿休息（如受伤严重或疼痛不能缓解应就医）。

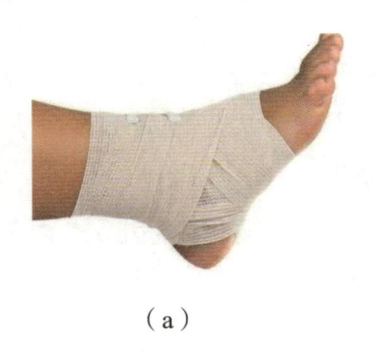

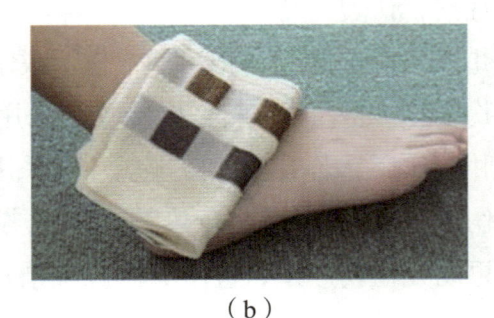

（a） （b）

图 11-3-2 急救处理
（a）用弹性绷带包扎；（b）用毛巾冷敷患处

任务巩固

知识重现

结合所学知识，填写幼儿肢端扭伤的预防与处理任务学习检测表（表 11-3-1）。

表 11-3-1　幼儿肢端扭伤的预防与处理任务学习检测表

知识与技能点	我的理解（填写关键词）
观察幼儿的情况	1
	2
紧急处理	1
	2
	3
	4
	5

拓展提升

在幼儿园课间，老师都不在教室，鹏鹏在教室里跑来跑去，老师回到教室赶紧大声喝止鹏鹏，鹏鹏吓了一跳突然左脚扭了下，倒在地上。老师扶起鹏鹏问他疼不疼，鹏鹏勇敢地说不疼。到了下午活动课的时候，老师发现鹏鹏走路的姿势有点问题，仔细检查，发现鹏鹏的左脚踝肿胀，就安排鹏鹏在教室角落安静坐好，直到下午放学时把情况转告给鹏鹏的妈妈。

请结合案例分析保育员在工作中出现了哪些失误，并说明正确的做法。

学习评价

请同学们根据自己的学习情况完成考评评分表（表 11-3-2）。

表 11-3-2　考评评分表

考评项目	配分	考评内容	自我评价（40%）	教师评价（60%）
观察生命体征	5	能按照工作要求，观察幼儿的生命体征		
安抚幼儿	5	能按照工作要求，安抚幼儿		
避免活动	10	能按照工作要求，避免幼儿活动		
冷敷或冰敷	20	能按照工作要求，为幼儿冷敷、冰敷		
包扎加压	20	能按照工作要求，为幼儿包扎加压		
抬高患肢	10	能按照工作要求，抬高幼儿的患肢		
安排幼儿休息	10	能按照工作要求，安排幼儿休息		
职业素养	10	物品准备齐全		
	10	规范操作		
得分				

任务四　幼儿食物中毒的预防与处理

> **任务导入**
>
> 幼儿园大班的幼儿彤彤在园期间出现发热、呕吐、腹泻、腹痛等情况，保育员与家长联系了解情况，彤彤妈妈说可能是早上去幼儿园的路上，在路边看到卖小零食的，本来彤彤妈妈觉得看起来不大卫生，但是彤彤吵着要吃，就给彤彤买了吃。
>
> 思考：彤彤可能出现什么样的危险？保育员应该如何处理？在工作中有哪些注意事项呢？

> **任务准备**

一、食物中毒事件的等级划分

食物中毒事件可分为一般中毒事故、较大中毒事故和重大中毒事故。

一般中毒事故是指集体性一次食物中毒人数在 30 人以下，未出现死亡病例。较大中毒事故是指集体性一次中毒人数在 30~99 人，或出现死亡病例。重大中毒事故是指集体性一次食物中毒人数超过 100 人并出现死亡病例，或出现 10 例及以上死亡病例。

二、食物中毒的表现

1. 食物中毒一般具有暴发性、同源性和同发性、季节性、无传染性等特征

（1）暴发性：发病潜伏期短，一般由几分钟到几小时，食入"有毒食物"后于短时间内几乎同时出现一批病人，来势凶猛，很快形成高峰，呈暴发流行。

（2）同源性和同发性：与食用某种相同食物有明显关系，几乎同时出现相似症状，且多以急性胃肠道症状为主。

（3）季节性：夏秋季多发生细菌性和有毒动植物食物中毒，冬春季多发生肉毒中毒和亚硝酸盐中毒等。

（4）无传染性：不会有人与人之间的直接传染。

2. 食物中毒的典型症状

（1）以恶心、呕吐、腹痛、腹泻为主，往往伴有发热症状。吐泻严重的患者还可能发生脱水、酸中毒，甚至休克、昏迷等症状。

（2）肉毒杆菌食物中毒以运动神经麻痹症状多见，以眼肌和咽肌瘫痪为主，胃肠道症状少见。

三、发生食物中毒的紧急处理

1. 处理原则

当怀疑食物有毒，应立即禁止自己或他人继续服用该食物，并妥善保存食物，避免被他人误食。对发生中毒的轻症患儿可采用催吐法进行治疗，让有毒物质尽快从体内排出。重症者应立即送往医院救治处理。在等待救护车的同时，要对患儿进行催吐以减少毒物吸收。

2. 食物中毒的紧急救治

食物中毒的紧急救治办法主要为催吐、洗胃、导泻、解毒，鼓励患儿多饮水，尤其是饮用含盐饮料或糖盐水，以及时补充体内丢失的水分和电解质。

（1）催吐：如果幼儿中毒不久（通常在食入毒物1~2小时内），且无明显呕吐症状可喝一些盐水，有补充水分和洗胃的作用。催吐的方法：用干净的手指放到喉咙深处轻轻划动，也可用筷子、汤勺等。

（2）洗胃：重症患儿应及时送往医院，由医务人员进行洗胃，防止毒物吸收。

（3）导泻：服用泻药，促使受污染的食物尽快排出体外。如果食入毒物超过2小时，且精神尚好，则可服用泻药，促使含毒食物尽快排出体外。若患儿已经出现由中毒引起的严重腹泻则不能使用此法。

（4）解毒：利用各种食物的特性来减轻中毒症状或解毒。

（5）补液、抗炎、抗休克：腹泻频繁、脱水严重者应补充液体、电解质，进行抗休克治疗；腹痛明显者，可采取解痉、镇痛措施。

四、幼儿食物中毒的预防

（1）托育机构应严把食品关。严把食堂进货关，严把食物储存关，严格按照食品储存的规范要求，分类、分架、隔墙、离地，严把食物加工关，严把供餐卫生质量关。

（2）托育机构食堂工作人员要接受培训并持健康证上岗。食堂工作人员工作时必须严格执行规程，遵守有关卫生管理规定，出现咳嗽、腹泻、发热、呕吐等有碍食品卫生的症状须立即离开工作岗位，接受检查治疗。

（3）托育机构食堂管理部门必须严格执行有关卫生管理规章制度，落实岗位责任。各级主管及责任人要定期对食堂进行卫生安全检查，及时消除卫生安全隐患，严防食品中毒事故的发生。

（4）加强对幼儿照护者及幼儿家长、幼儿的食品卫生安全教育。家长注意不买无证商贩出售的三无商品等。教育幼儿养成良好的卫生习惯。

▶ 任务实施

物品准备

工作服、温盐水、水杯、筷子、汤匙、消毒剂等。

工作内容

（1）轻度食物中毒患儿中毒症状缓解。

（2）严重食物中毒患儿及时送往医院救治。

操作要求

当怀疑食物有毒，应立即禁止自己或他人继续食用该食物，并妥善保存食物，避免被他人误食。对发生中毒的轻症患儿可采用催吐法进行治疗，让有毒物质尽快从体内排出。重症患儿应立即送往医院救治处理。

食物中毒的紧急救治办法主要为催吐、洗胃、导泻、解毒，鼓励患儿多饮水，尤其是饮用含盐饮料或糖盐水，以及时补充体内丢失的水和电解质。

（1）催吐：如果幼儿中毒不久（通常在食入毒物1~2小时内），且无明显呕吐症状，可采用催吐的方法。用干净的手指放到喉咙深处轻轻划动，也可用筷子、汤勺等。同时可以喝一些盐水，有补充水分和洗胃的作用。可采取第一时间催吐的方法，但是对神志不清的患儿禁用此法。

（2）洗胃：对于重症患儿应及时送往医院，由医务人员进行洗胃，防止毒物吸收。

（3）导泻：服用泻药，促使受污染的食物尽快排出体外。如果食入毒物超过2小时，且精神尚好，则可服用泻药，促使含毒食物尽快排出体外。若患儿已经出现由中毒引起的严重腹泻则不能使用此法。

（4）解毒：利用各种食物的特性来减轻中毒症状或解毒。

（5）补液、抗炎、抗休克：腹泻频繁、脱水严重者应补充液体、电解质，进行抗休克治疗；腹痛明显者，可采取解痉、镇痛措施。

操作流程

一、观察幼儿的情况

观察幼儿的情况的操作步骤及说明如下：

（1）了解幼儿进食的时间、进食的食物种类和数量，分析引起幼儿发生食物中毒的原因及中毒程度。

（2）观察幼儿的生命体征，神志是否清楚。

（3）评估幼儿呕吐物（排泄物）的颜色、性状和量。

（4）评估幼儿疼痛的部位和程度等。

二、急救处理

急救处理（图11-4-1）的操作步骤及说明如下：

（1）立即停止幼儿进餐，封存可疑有毒食物。

（2）准备适量的温盐水（口服催吐）。

幼儿食物中毒的处理操作视频

（3）采用正确的催吐方法，用干净的手指放到幼儿喉咙深处轻轻划动，也可用筷子、汤匙等下压舌根进行催吐。保留呕吐物和排泄物：留取第一份标本送检，便于医学观察与取证。

（4）饮用温盐水反复催吐，吐出的东西越多越好。

（5）鼓励患儿多饮水，尤其是含盐饮料或糖盐水以补充水和电解质。

（6）观察幼儿精神状态（如幼儿情况严重应及时送医）。

（7）安抚幼儿情绪，安排幼儿休息。（对中毒严重、休克的患儿，需拨打120急救电话，同时，立即采取平卧位，头偏向一侧，用纱布或手帕清除口腔、咽部和鼻腔内分泌物、呕吐物，保持呼吸道通畅。对心跳、呼吸骤停的患儿，立即施行心肺复苏术，直到急救人员赶到并送往医院救治。）

（a） （b）

图 11-4-1 急救处理

（a）封存呕吐物；（b）让幼儿吐到盆里

任务巩固

知识重现

结合所学知识，填写幼儿食物中毒的预防与处理任务学习检测表（表 11-4-1）。

表 11-4-1 幼儿食物中毒的预防与处理任务学习检测表

知识与技能点	我的理解（填写关键词）
观察幼儿的情况	1
	2
	3
	4
紧急处理	1
	2
	3
	4
	5
	6
	7

拓展提升

午餐之后,幼儿园的几名幼儿出现发热、呕吐、腹泻、腹痛的情况,保育员赶紧给幼儿服用大量的水,并清理呕吐物。

请问案例中的幼儿园和保育员存在哪些问题?这样做会出现什么后果?身为保育员正确的做法是什么?

学习评价

请同学们根据自己的学习情况完成考评评分表(表11-4-2)。

表11-4-2 考评评分表

考评项目	配分	考评内容	自我评价（40%）	教师评价（60%）
进食的时间	5	能按照工作要求，询问进食的时间		
生命特征、神志、疼痛部位	5	能按照工作要求，观察幼儿的情况		
呕吐物的颜色、性状、量	5	能按照工作要求，检查幼儿的呕吐物		
评估幼儿疼痛的部位及程度	5	能按照工作要求，检查评估幼儿疼痛的部位及程度		
停止进食、封存食物	5	能按照工作要求，让幼儿停止进食，封存食物		
准备温盐水	5	能按照工作要求，准备温盐水		
催吐	10	能按照工作要求，为幼儿催吐		
留取样本	5	能按照工作要求，留取样本		
反复催吐	10	能按照工作要求，反复催吐		
补充水、电解质	10	能按照工作要求，为幼儿补充水		
观察精神状态	5	能按照工作要求，观察幼儿的状态		
安抚幼儿	5	能按照工作要求，安抚幼儿		
严重者送医	5	能按照工作要求，将幼儿送医		
职业素养	10	物品准备齐全		
	10	规范操作		
得分				

项目总结

幼儿常见意外事故的预防与处理
- 幼儿外伤出血的预防与处理
  - 询问受伤原因等
  - 检查受伤情况
  - 清洁创面
  - 流动水冲洗
  - 碘消毒
  - 调整幼儿体位
  - 止血包扎
  - 检查包扎处
  - 抬高患肢
  - 安抚幼儿
- 幼儿烫伤的预防与处理
  - 询问情况
  - 评估伤情
  - 安抚幼儿
  - 流动水冲洗
  - 检查创面
  - 创面浸水
  - 覆盖创面
  - 包扎
  - 安排幼儿休息
- 幼儿肢端扭伤的预防与处理
  - 观察生命体征
  - 安抚幼儿
  - 避免活动
  - 冷敷与冰敷
  - 包扎加压
  - 抬高患肢
  - 安排幼儿休息
- 幼儿食物中毒的预防与处理
  - 了解进食状况
  - 评估生命体征等
  - 停止进食、封存食物
  - 准备温盐水
  - 催吐
  - 留取样本
  - 反复催吐
  - 补充水、电解质
  - 观察精神状态
  - 安抚幼儿
  - 严重者送医

参考文献

［1］张艳娟．学前教育专业保育实习指导手册［M］．上海：华东师范大学出版社，2021．

［2］马兵，邓如．保育工作入门［M］．长春：东北师范大学出版社，2021．

［3］伍香平，彭丽华．幼儿园保育员工作指南［M］．北京：中国轻工业出版社，2021．

［4］朱戈红．幼儿园保教实习与指导［M］．北京：人民邮电出版社，2018．

［5］王普华．保育员工作手册［M］．北京：中国劳动社会保障出版社，2015．

［6］梁雅珠，陈欣欣．幼儿园保育工作手册［M］．北京：人民教育出版社，2017．

［7］张莉．幼儿园保育员［M］．北京：中国农业出版社，2021．

［8］北京师范大学实验幼儿园．保育员工作指南［M］．北京：北京师范大学出版社，2021．

［9］王厚菊．幼儿园保育［M］．长春：东北师范大学出版社，2022．

［10］蔡军，刘恬．幼儿园保育员高级研修十五讲［M］．北京：清华大学出版社，2020．

［11］张亚妮，王瑜．幼儿园保育员胜任能力十五讲［M］．北京：清华大学出版社，2020．

［12］芦爱军．幼儿园保育［M］．北京：机械工业出版社，2021．